Bernardin Schellenberger

Advent – ein spirituelles Abenteuer

Bernardin Schellenberger

Advent

Ein spirituelles Abenteuer

echter

Die Deutsche Bibliothek – CIP-Einheitsaufnahme

Schellenberger, Bernardin:
Advent – ein spirituelles Abenteuer / Bernardin Schellenberger. – Würzburg : Echter, 2002
ISBN 3-429-02471-4

www.echter-verlag.de
Umschlag: Peter Hellmund (Foto: Horst Schröder)
Druck und Bindung: Clausen & Bosse GmbH, Leck
ISBN 3-429-02471-4

Die wahre Unbekannte ist noch immer unsere Seele. Sie und nichts anderes ist die Landschaft der Überraschungen und Abenteuer.
Sagt nicht: »Ich überlasse diese Abenteuer den Vaganten und Stromern. Mir ist das Unvorhergesehene zuwider, das Mysterium ist die Zerstreuung derer, die Zeit haben; ich aber habe keine Zeit.«
Ihr schwatzt daher, ihr sucht euch herauszuwinden.
Aber da ist immer ein Abenteuer, in das ihr unwillentlich verstrickt seid, das ihr vielleicht morgen schon zu bestehen habt.
So ist es klüger, gleich schon ein wenig auszugehen, um sich zu gewöhnen.
Der Sesshafteste wird es bestehen, und es ist ein größeres, wundersameres Abenteuer als irgendeins, von dem ihr in den Büchern gelesen habt.

Georges Bernanos

Inhalt

1. TAG

Was suchen Sie eigentlich?

Wenn man ein Buch in die Hand nimmt, wie Sie das jetzt mit diesem Band hier tun, verehrte Leserin, verehrter Leser, dann sucht man unwillkürlich nach irgendetwas. Zumal, wenn man nach einem Buch über den Advent greift.
Was suchen Sie in einem Buch für den Advent?
Für mich als Autor dieses Buches stellt sich spiegelverkehrt die gleiche Frage: Wohin soll ich Sie mit diesem Buch begleiten?
Das christliche Wort »Advent« lässt an das nicht allzu ferne Weihnachtsfest denken.
Aber was ist Weihnachten?
Dass es ursprünglich das Geburtsfest Jesu Christi war, ist nicht mehr allgemein bekannt; und noch weniger, dass dahinter in Wirklichkeit sehr viel mehr steckt.
Ich weiß nicht, ob Sie Geburtstagsfeiern besonders mögen und sich unbedingt 24 Tage lang auf eine solche einstimmen wollen. Geburtstagstermine haben etwas von Pflichtübung an sich. Man muss in einer Gruppe feiern und fröhlich sein, auch wenn einem womöglich gerade überhaupt nicht danach zu Mute ist. Hinzu kommt der Stress, ein passendes Geschenk zu finden. Außerdem ist das Pathos solcher Feiern nicht selten ein bisschen unehrlich: Man beglückwünscht jemanden, auf die Welt und in ein bestimmtes Alter gekommen zu sein, und dann schafft man es wieder ein Jahr lang nicht, sich umeinander zu kümmern oder Zeit füreinander zu haben. Das Fest liefert dann eigentlich bloß den Vorwand zu einer Fete ohne ernsthaften Inhalt.
Ich werde Ihnen jedenfalls in diesem Buch nicht zumuten, sich 24 Tage lang auf eine der üblichen Geburtstagsfeiern vor-

zubereiten. Überlassen wir das den Warenhäusern und der Werbung. Die entwickeln dafür eine Kreativität und eine Stimmung, die ohnehin nicht zu übertreffen sind.
Angesichts dieser eindrucksvollen Konkurrenz frage ich mich sogar, ob es nicht müßig ist, ein Buch für den obligatorisch im Dezember angesetzten Advent anzubieten. Schließlich ist dieser Advent für viele Menschen die stressigste Zeit des Jahres, und bis der 25. Dezember anbricht, sind manche schon völlig erschöpft von lauter Vor-Weihnachtsfeiern. Wer hat da überhaupt Zeit und Lust und Stimmung für ein Buch mit lauter Text? Wäre nicht ein Buch voller schöner Bilder und mit wenig Text viel brauchbarer? (Sofern man keine Widmung hineinschreibt, lässt es sich sogar mehrmals weiterschenken.)
Trotzdem – ich versuche es mit meinem Text. Falls Sie für ihn im Advent keine Zeit haben, verlegen Sie doch einfach die 24 Adventstage, für die ich Ihnen hier Anregungen bieten möchte, in eine Zeit irgendwann nach Weihnachten, wenn wieder etwas Ruhe einkehrt, oder in den Hochsommer, in die Urlaubszeit am Strand, wenn Sie eher Lust und Muße zum Lesen haben.
So unnatürlich wäre das gar nicht. Schließlich sind für die Menschen auf der gesamten südlichen Halbkugel ganz selbstverständlich Advent und Weihnachten alljährlich bei tropischen Temperaturen und ohne jeglichen Schnee (es sei denn, in der Antarktis) angesetzt, und sie leben damit wahrscheinlich auch nicht schlechter als wir hierzulande.
Ganz abgesehen davon: Bedenken Sie, dass beim allerersten, »echtesten« Weihnachtsfest sowieso sämtliche heute unentbehrlichen Elemente gefehlt haben: der Schnee, der Tannen- und Bratenduft, der Weihnachtsmarkt, die Zimtsterne, der Glühwein, die Musik, die flackernden Kerzen, die schillernden Kugeln und Lichterketten, die Kinderaugen und der Fami-

lienbesuch und das viele geschmackvolle Packpapier – und die neuerdings üblichen albernen Weihnachtskarten.
Vielleicht aber lesen Sie im Urlaub lieber einen Abenteuerroman. Sie werden überrascht sein: Dann greifen Sie mit einem Advents-Buch gar nicht weit daneben. Das Wort Advent stammt aus der gleichen Wurzel wie das altdeutsche Wort *aventiure* für »Abenteuer«. »Abenteuer« und »Advent« sind also das selbe Wort, bloß jeweils ein bisschen anders geschrieben (im entsprechenden englischen Ausdruck für »Abenteuer«, *adventure*, sieht man das besonders deutlich).
Einen Unterschied allerdings gibt es: In einem Abenteuerroman geht es um die erfundenen oder wirklichen Abenteuer anderer Menschen, an denen man ersatzweise in seinem Liegestuhl teilnehmen kann, ohne daraus aufzustehen; in einem Adventsbuch dagegen geht es um das Abenteuer des eigenen Lebens, das einen eventuell vom Hocker reißt. Ein Adventsbuch hat also mit Ihnen persönlich zu tun, ein Abenteuerbuch streng genommen nicht. Wenn Sie sich auf ein Adventsbuch einlassen, könnte das für Sie zum persönlichen Abenteuer werden.
Lassen Sie dem vorliegenden Buch genügend Zeit, damit es richtig wirken kann. Lese-Zeit brauchen Sie dafür täglich nicht besonders viel, bloß ein paar Minuten. Wichtiger sind die übrigen 23 Stunden und 50 Minuten, in denen Sie mit etwas anderem beschäftigt sind und dabei das im Hinterkopf behalten, was Sie hier gelesen haben.
Lesen Sie also heute nicht gleich den Text für den zweiten Tag weiter, denn sonst wirkt meine Methode nicht, die ich bei diesem Buch vorgesehen habe, und schwindet die Wahrscheinlichkeit, dass Sie ein Advents-Abenteuer erleben.
Advent ist nämlich so ähnlich wie Schwangerschaft: Man merkt irgendwann, dass man den Keim von etwas Neuem in sich trägt, und dem muss man Zeit lassen, bis es das Licht der

Welt erblickt, sein Gesicht zeigt und sich weiter entfaltet. Man kann es nicht unverzüglich herausholen und nachgucken, was das genau ist. Manche Menschen, die besonders bewusst und intensiv leben, mögen über eine Art von mentaler Ultraschall-Methode der Innenschau verfügen und früher als andere die Schatten und Umrisse dessen wahrnehmen, was in ihnen heranwächst. Aber auch sie müssen diesem Wachsen seine Zeit lassen. Meines Wissens gibt es noch keine Schwangerschafts-Beschleunigungsmethoden, die den ganzen Prozess von neun Monaten auf neun Tage abkürzen würden, was in vielen Fällen sicher ganz zweckmäßig wäre, aber wahrscheinlich nicht besonders segensreich.
Bevor ich Sie jetzt wieder sich selbst überlasse, will ich Ihnen für die nächsten 24 Stunden eine Aufgabe mitgeben, Sie vielleicht sogar mit einer Art Virus anstecken, das Sie nicht mehr richtig loswerden. Es handelt sich um meine Anfangsfrage: Was suchen Sie eigentlich?
Lassen Sie sich 24 Stunden von dieser Frage umtreiben: »Was suche ich eigentlich?« Sagen Sie sie immer wieder vor sich hin, bei allen möglichen Gelegenheiten: Wenn Sie im Stau stehen oder ungeduldig einen anderen überholen, wenn Sie von den Kindern genervt sind und sie anschreien oder shopping gehen oder wenn Sie den Stress gerade wieder zum Davonlaufen finden oder es Ihnen stinklangweilig ist oder Sie sich mit Musik zudröhnen (oder, wie gesagt, wenn Sie am Strand liegen), überall, möglichst oft: »Was suche ich eigentlich?« Sie werden merken, dass Sie dafür keine Extra-Zeit brauchen, sondern bloß ein bisschen Aufmerksamkeit bei allem, was Sie normalerweise tun.
Wenn Sie wollen, schreiben Sie sich nach 24 Stunden, bevor Sie den Text für den zweiten Tag lesen, mit einigen Worten oder Sätzen auf, was Ihnen dabei in den Sinn gekommen ist.

2. Tag

Kreativer Druck in Sackgassen

Da ich nicht weiß, was Ihnen seit Ihrer gestrigen Infektion (die Sie hoffentlich erwischt hat) durch das Virus »Was suche ich eigentlich?« alles durch den Kopf gegangen ist oder was Sie eventuell aufgeschrieben haben, kann ich darauf nicht eingehen. Das ist auch gar nicht notwendig, denn eine solche Frage setzt ein Eigenleben in Gang, und es ist verblüffend, was dabei herauskommen kann.

Ich betrachte meine Rolle als diejenige einer Art von Hebamme, die um Schwangerschaft und Geburtsprozess herum einige hilfreiche Anleitungen und Handreichungen bietet, jedoch zu dem, was herauskommt, inhaltlich, genetisch sozusagen, nichts beisteuert. Schließlich will ich ja nicht mich selbst vermehren, sondern Ihnen helfen, das zum Vorschein kommen zu lassen, was Ihnen selbst kommt oder zufällt und dann reift und seine Frucht trägt.

Geht es Ihnen auch so: dass Sie, um eine Sache anzupacken oder kreativ etwas zu unternehmen, immer unter einen gewissen Druck kommen müssen? Bei mir ist das jedenfalls so: Ein Termin muss näher rücken, ein Problem mir zusetzen oder ein Thema oder jemand mir keine Ruhe lassen, oder etwas muss mir so lange auf die Nerven gehen, bis ich die Geduld verliere und durchgreife. Wenn zum Beispiel das Chaos auf meinem Schreibtisch einen gewissen Sättigungsgrad erreicht hat und es mir seit Tagen zunehmend davor graust, weil ich immer wieder zu viel Zeit mit Herumsuchen verliere, kommt der Punkt, an dem ich energisch aufzuräumen beginne und dabei sogar erfinderisch werde, wie ich einiges viel zweckmäßiger anordnen kann. Am Schluss bin ich besser organisiert als vorher.

Ich nehme an, bei Ihnen ist das nicht anders. In vielen anderen Bereichen des Lebens läuft das ja ganz ähnlich: Ohne einen gewissen Druck rührt sich nichts, geht nichts voran. Wer nie in eine Klemme oder Verlegenheit käme oder Probleme bekommen würde, der würde sein Leben verschlafen. Wahrscheinlich läuft darum in keinem Leben alles glatt. Die Kunst besteht allerdings darin, diesen Druck, unter dem jede und jeder auf seine Weise steht, produktiv einzusetzen. Druck kann erdrücken. Wenn der Druck bloß zu einem Magengeschwür oder Herzinfarkt führt, ist er kontraproduktiv.
Ihnen dämmert jetzt vielleicht: Mit meiner Aufgabe, Sie sollten 24 Stunden lang mit der Frage umgehen: »Was suche ich eigentlich?«, wollte ich in Ihnen einen gewissen Druck entstehen lassen. Wenn Sie davon noch nichts merken, hören Sie jetzt mit Lesen auf und leben Sie noch einmal 24 Stunden mit der gleichen Frage und lesen Sie dann hier weiter.
Beim zunehmenden Druck wegen eines unaufgeräumten Schreibtischs ist die Situation ziemlich einfach: Der Druck weist auf ein klar umschriebenes Ziel, nämlich das Aufräumen auf diesem Schreibtisch, zu dem man schreitet, wenn der Druck entsprechend groß geworden ist, und mit diesem Aufräumen kann man dann auch endlich anfangen. Immerhin, ein dabei nicht vorhersehbares und im Voraus planbares zusätzliches Element sind die erwähnten kreativen neuen Einfälle, wie man einiges zweckmäßiger anordnen kann. Im Gesamtprozess des Aufräumens werden verblüffende kreative Einfälle aber normalerweise keine Aufsehen erregende Rolle spielen. Es kommt selten vor, dass man vor lauter Ungeduld mit seinem Schreibtisch-Chaos sein Büro anzündet oder komplett neu möbliert oder ins Stadtzentrum verlegt.
Im übrigen Leben dagegen ist es umgekehrt: Da mag der Druck zwar auf ein klares Ziel drängen – etwa die Wiederherstellung einer zerbrochenen Beziehung –, aber oft ist die-

ses Ziel überhaupt nicht mehr erreichbar. Man steckt in einer Sackgasse, im »deadlock«, wie es im Englischen ganz drastisch heißt: Man ist in etwas Totes eingesperrt, und da sind Wiederbelebungsversuche aussichtslos. Es bedarf eines Wunders der Auferweckung, der Erleuchtung in eine neue Dimension, in völlig neue Perspektiven hinein. Aufräumen bringt nichts; Anzünden ist angesagt. Aber wie soll das praktisch gehen?

Es geht praktisch nicht. Auferweckungen, Erleuchtungen kann man nicht methodisch herbeiführen. Sie passieren einem – oder auch nicht. Da kommt also die Dimension »Abenteuer« ins Spiel, das Unvorhersehbare.

Vielleicht kennen Sie die Geschichte von dem Mann, der seinen Bruder um die Erbschaft betrogen hatte. Sein Bruder jagte ihm das Gericht auf den Hals, ja hatte sich fest vorgenommen, ihn umzubringen (sie lebten in einer Gesellschaft, in der brutale Privatjustiz ganz normal war). Der Mann machte sich auf die Flucht zu Verwandten ins Ausland, um bei ihnen unterzutauchen. Eine Situation wie in einem Roman von John Grisham. Außerdem wollte er unbedingt eine Frau finden. Man kann sich vorstellen, unter welchem Druck er stand: Der lebensgefährliche Hass seines Bruders verfolgte ihn; das Begehren, die Sehnsucht nach der Frau machte ihn ruhelos. Auf der Flucht legte er sich eines Abends unter freiem Himmel erschöpft zum Schlafen nieder. Da widerfuhr ihm völlig überraschend im Traum eine Art Vision, die sein Leben total veränderte. Er war durch den ungeheuren Druck dafür reif geworden. Aber der Druck hatte nicht die Vision produziert; er hatte ihn für sie aufgeweckt.

Wenn die recht üblichen Probleme dieses Mannes auf eine übliche Weise gelöst worden wären, hätten wir sicher nie etwas von ihm erfahren. Aber durch diese überraschende Vision wurde er auf eine neue Spur gesetzt und ging in die Weltgeschichte ein. Er hieß Jakob. Wenn Sie wollen, können Sie die

Geschichte in der Bibel, im Buch Genesis, Kapitel 28 nachlesen. Wir werden sie morgen noch genauer anschauen. Aber für heute wollen wir hier aufhören.

Es ist unwahrscheinlich, dass man schon am zweiten Tag eines Kurses blitzartige Intuitionen oder Visionen erhält. Am besten bleiben Sie daher zunächst einmal 24 Stunden beim Thema »Sackgassen«. Lassen Sie sich durch den Kopf gehen, wann Sie in Ihrem Leben schon in Sackgassen steckten und auf welche Weise Sie aus ihnen herausgekommen sind. Oder beschäftigen Sie sich mit der Frage: Stecke ich derzeit in irgendeiner Sackgasse? In welcher?

3. TAG

»Hier ist das Tor des Himmels, *hier*«

Vorgestern habe ich Sie darauf aufmerksam gemacht, dass das Wort »Advent« mit dem Begriff »Abenteuer« verwandt ist. Ich hoffe, ich habe Sie damit ein bisschen neugierig gemacht und Sie haben Lust, sich auf unseren gemeinsamen Weg einzulassen, zumal ich Ihnen gestern von der Möglichkeit erzählt habe, dass Ihnen etwas Verblüffendes aufblitzen könnte. Auch diesen Aspekt enthält das Wort »Advent«. Mit dem lateinischen *adventus* wird nämlich eine »Ankunft« bezeichnet, also etwas, was von anderswo daherkommt.

Es gibt programmierte Ankünfte; Listen davon sind auf allen Bahnhöfen ausgehängt. Sie sind nützlich, ja unentbehrlich, aber ziemlich langweilig, weil sie gewöhnlich nichts Überraschendes an sich haben. Das einzige häufigere Überraschungsmoment an ihnen sind Verspätungen und verpasste Anschlüsse, aber nach denen sehnt sich kaum jemand.

Mit dem »Advent« ist etwas gemeint, das völlig unerwartet, total überraschend daherkommt und woran man zuallerletzt gedacht hätte.

Ein solcher »Advent« überfiel den Jakob, von dem ich gestern erzählte. Vergegenwärtigen wir uns die Szene genau: Der Mann war auf der Flucht und hatte recht konventionelle Sehnsüchte: wieder Frieden zu finden, und dazu noch eine Frau; also endlich ein ruhiges Leben, geordneter Wohlstand und eine normale Familie und so weiter. Wenn Sie die intensive Symbolik der Beschreibung in der Bibel beachten, werden Sie wahrscheinlich spontan einsehen, dass es um eine Ur-Situation geht und folglich um eine, die Sie selbst nur zu gut kennen.

Jakob ist auf freiem Feld allein; die Sonne ist untergegangen. Er nimmt einen herumliegenden Stein, legt ihn unter seinen Kopf und schläft dort ein. So weit können Sie das sicher mit Ihrem eigenen Leben nachvollziehen. Dann kommt das Besondere: Er hat einen Traum.

Träume arbeiten mit Bildern. In diesem Traum taucht eine Treppe auf, die auf der Erde steht und bis zum Himmel reicht. Engel steigen auf ihr auf und nieder, und oben steht der Gott der Väter Jakobs und verspricht Jakob das Land, auf dem er liegt, sowie unzählige Nachkommen. Er werde allen Geschlechtern der Erde Segen bringen, und Gott werde ihn nicht verlassen.

Es geht mir für unseren Zusammenhang nicht um den genauen Inhalt dieses Traums. In sinnvollen Träumen tauchen Bilder aus dem Kulturkreis des Träumers auf, denn andere Bilder würden für ihn ja keinen Sinn ergeben. Außerdem sind Träume mehrdimensional; es ist oft nicht leicht auszumachen, in welcher Dimension sie gültig sind: in der konkret buchstäblichen, in der innerpsychischen oder in der symbolischen, eher spirituellen, also in einem übertragenen Sinn. Deutet man etwa das Versprechen, ein bestimmtes »Land« zu besitzen, zu buchstäblich, wendet es also auf ein geographisch genau umschriebenes Territorium an und beansprucht dieses dann unter Berufung auf Gott kompromisslos, so kann das verhängnisvoll werden, weil es in endlose Streitereien und Gewalttätigkeiten führt. Darüber kann das andere Element des Traums, man werde »allen Geschlechtern der Erde Segen bringen«, ganz aus dem Blickfeld geraten. In der Bergpredigt Jesu heißt es deshalb zur Verdeutlichung: »Selig, die keine Gewalt anwenden; denn *sie* werden das Land erben.«

Träume, sofern sie sich nicht auf Banalitäten beziehen, sind so schwer zu deuten wie die Orakel der Hellenen. Einem großen Herrscher der Antike beschied das Orakel, wenn er in den Krieg ziehe, werde er ein gewaltiges Reich zerstören. Er zog

zuversichtlich los und merkte zu spät, dass mit dem »gewaltigen Reich« sein eigenes gemeint war.
Für unseren Advents-Weg ist, wie gesagt, das Wichtigste an diesem Traum nicht sein genauer Inhalt und dessen Deutung, sondern die Erfahrung des Jakob, die er am Schluss in die Worte fasst: »Wirklich, der Herr ist an diesem Ort, und ich wusste es nicht. Hier ist nichts anderes als das Haus Gottes und das Tor des Himmels.«
Das ist Advent, mehr noch: das ist bereits eine Vorahnung von Weihnachten. Den Hirten in Bethlehem werden ja auch Engel erscheinen und »der Glanz des Herrn« wird sie umstrahlen, genau wie hier schon den Jakob. Es ist die Grundstruktur einer bestimmten Erfahrung. Auch die Hirten lagern auf freiem Feld und benützen vielleicht Steine als Kopfkissen. Womöglich sind Sie, liebe Leserin, lieber Leser, im übertragenen Sinn gerade in der gleichen Situation.
Bei Jakob, bei den Hirten kommt unerwartet die Erfahrung an (»Advent«!): Hier, ausgerechnet und gerade hier, auf dem harten Stein meiner gegenwärtigen Realität, auf dem freien Feld, auf dem ich ungeschützt und wehrlos liege, ausgerechnet da ist »das Haus Gottes und das Tor des Himmels«, das heißt: eine atemberaubende andere Dimension und Gegenwart und darum der Anfang einer verheißungsvollen Zukunft. Nicht neben dem Stein oder über dem Stein, nicht nach dem Stein oder trotz des Steins, sondern auf dem Stein. Ziemlich unglaublich. Aber alle Advente sind unglaublich.
Ich lasse Sie damit für heute allein, um das zu verdauen. Wenn Sie wollen, beschäftigen Sie sich bis morgen mit der Frage: »Welche Steine sind derzeit mein Kopfkissen?«
Schauen Sie sich diese Steine genau an und hören Sie im Hintergrund den Ausruf des Jakob: »Wirklich, der Herr ist an diesem Ort, und ich wusste es nicht. Hier ist nichts anderes als das Haus Gottes und das Tor des Himmels.«

Versuchen Sie, sich an diese Vorstellung heranzutasten. Schauen Sie auf Ihren Stein und wiederholen Sie immer wieder diese beiden Sätze, am besten in einer vereinfachten Formel, etwa: »*Hier* ist das Tor des Himmels, *hier*.«
Ich mute Ihnen nicht zu, das zu glauben. Aber tasten Sie sich aufmerksam und offen an die Möglichkeit von etwas Unglaublichem heran. Sie werden damit keine großartige Erfahrung herbeitrainieren können. Aber vielleicht rührt sich in Ihnen etwas.
In allen vier Evangelien wird erzählt, auf dem Stein, den alle für einen Grabstein hielten, habe unerwartet ein Engel gesessen und dort, wo alles tot schien, Leben verkündet.

4. Tag

Selbstgemachte und echte Träume

Gestern war vom Traum des Jakob die Rede. Bleiben wir etwas bei den Träumen.

Träume haben und verfolgen wir nur allzu gern. Alp- und Angstträume plagen uns zuweilen, aber meistens pflegen wir Wunschträume. Sie bieten der Werbung einen zuverlässigen Ansatzpunkt. Es gibt so gut wie keinen Artikel, der nicht mit ziemlichem Verkaufserfolg als die Erfüllung irgendeines Traums angepriesen werden könnte.

Seifen, Möbel, Autos, Kleider, Küchen, Fußnagelscheren, Fertiggerichte, Waschmaschinen und Weltreisen können traumhaft sein.

In der Vorweihnachtszeit hat das Appellieren an Träume Hochkonjunktur. Weil sich unsere Träume nie erfüllen oder diese Träume, wenn erfüllt, ungemein rasch verpuffen, funktioniert das immer. Sogar die meisten Traummänner und Traumfrauen werden auffallend rasch gegen andere Traummänner und Traumfrauen ausgetauscht, was für eine Fülle von Illustrierten traumhaft ist, denn das liefert ihnen unablässig genügend Stoff.

In den Märchen kommt es öfter vor, dass man sich drei Träume, drei Wünsche erfüllen lassen darf. Der dritte Wunsch dient meistens dazu, sich aus dem Unsinn wieder herauszuwünschen, in den man dank der Erfüllung seiner ersten beiden Wünsche geraten ist.

Die Toto-Lotto-Werbung verwendete unlängst ein Traumplakat. Es zeigt an einem völlig leeren, flachen Sandstrand vor weitem blauem Meer unter Palmen einen Liegestuhl und auf dessen Rückseite die sechs richtigen Kreuze, die in diesen Liegestuhl versetzen. Ein wirklich traumhaftes Bild. Ich habe mir bei seinem Anblick vorzustellen versucht, wie lange es der Gewinner oder die Gewinnerin in diesem Stuhl wohl allein aushalten würde, wenn er oder sie womöglich nicht einmal ein Handy dabeihätte. Länger als eine Viertelstunde am Stück? Müsste er oder sie ganz lange in diesem Liegestuhl bleiben, dann würde das jedenfalls eher zur Hölle als zum Himmel geraten.

Das ist der Grund, weshalb es hochinteressante, dramatische Höllendarstellungen gibt, aber nur langweilige Bilder vom Himmel. Wir wissen gar nicht, was wir uns als wirklichen Dauerzustand himmlischen Glücks erträumen könnten.

In vielen, vielleicht sogar den meisten Ländern der Erde träumen die Menschen davon, sauberes Wasser und genügend Essen zu haben oder Frieden und Gerechtigkeit. Aber in den Ländern, die das alles haben (abgesehen von der vollkommenen Gerechtigkeit, die es wahrscheinlich nie gibt), werden die Menschen anscheinend eher immer unglücklicher und brauchen immer mehr Therapie oder jedenfalls Ventile, um ihren Sättigungsdruck auszugleichen. Es scheint, als ob der Mensch in seiner Anlage irgendwie gestört und zum dauerhaften Glück gar nicht fähig sei.

Alles, was ich bislang beschrieben habe, sind in Wirklichkeit überhaupt keine Träume. Es sind Projektionen unserer konfusen, zu Recht oder zu Unrecht unzufriedenen Psyche.

Echte Träume produziert man nicht. Man kann sie nicht entwerfen und manipulieren, sondern man bekommt sie. Skeptiker werden sagen, auch sie seien nur Produkte unserer eigenen Seele, also Spielereien und Phantastereien unserer Denksubstanz, wenn sie steuerlos vor sich hin produziert. Das ist schwer zu widerlegen. Ich neige jedoch zu der Auffassung, dass unsere Psyche in ihren Tiefenschichten, also im Un- und Unterbewussten, über Zeit und Raum hinweg an etwas Grö-

ßeres, Geheimnisvolles angeschlossen ist, das sich bei ihr meldet und sich in Bildern äußert, sobald es nicht mehr vom Bewussten, Oberflächlichen überlagert und übertönt wird.
Stellen Sie sich vor, Sie würden nachts im Auto über Land fahren und dabei im Wagen die Innenbeleuchtung eingeschaltet lassen. Sie hätten Mühe, die Straße draußen genau zu überblicken; von der Landschaft würden Sie gar nichts sehen.
Fahren wir nicht die meiste Zeit so durchs Leben: befangen in einer ziemlich kleinen Kapsel, die wir überblicken, ungeduldig auf ein vorgefasstes, selten besonders aufregendes Ziel fixiert? Gut, die Innenbeleuchtung schalten wir meistens aus und erkennen dann im Licht unserer Scheinwerfer ein bisschen mehr da draußen; aber auch nur ein paar Meter Straße vor uns und die Leitplanken, Leuchtbaken und Büsche.
Versuchen Sie sich lebhaft den Unterschied vorzustellen, wenn Sie mit dem Wagen anhalten, alle Lichter ausschalten, aussteigen und sich zehn Minuten in die Nacht hinausstellen würden: wie unendlich weiter da Ihre Optik, nein, Ihre Wahrnehmung mit allen fünf Sinnen würde. Sie würden den Nachtwind im Gesicht spüren, den Wald oder die Wiesen riechen, zum Sternenhimmel aufschauen, die im Mondlicht geheimnisvoll daliegende weite Landschaft und ferne Lichter erkennen und vielleicht von weit her einen Nachtvogel schreien oder ein Reh bellen hören. Unendlich viel mehr Wirklichkeit würde sich Ihnen erschließen, als wenn Sie in der Kapsel Ihres Autos eingesperrt sitzen. Es wäre durchaus denkbar, dass Ihnen eine Botschaft, ein Impuls von unendlich weit her, vielleicht sogar aus einer anderen Dimension, zuflöge.
So ähnlich, stelle ich mir vor, ist unsere Psyche in eine viel umfassendere Welt einbezogen, die sie gewöhnlich gar nicht wahrnimmt, weil wir kaum einmal anhalten, die Lichter ausschalten und aus dem Wagen steigen. Im Schlaf, wenn die

Träume erwachen, reißt der Horizont zu dieser Welt auf. Aber nicht nur im Schlaf, sondern auch dann, wenn unser Geist einmal stehen bleibt und nichts produziert, sondern einfach wahrnimmt. Das tut er allerdings so gut wie nie.

Jakob produzierte eigene Träume: den Killerkommandos des Bruders zu entkommen, eine Frau zu finden, Wohlstand und Frieden; selbstgemachte Träume, sozusagen seine eigenen Suchscheinwerfer auf vorgegebene Ziele. In jener Nacht aber wurde ihm ein Traum zuteil, auf den er von sich aus nie gekommen wäre.

Genauso erging es später den Hirten bei Bethlehem, »die auf freiem Feld (wie der ausgestiegene Autofahrer) lagerten und Nachtwache bei ihrer Herde hielten«. Sie waren für einen echten Traum offen: wach unter weitem Horizont. Die fixen Vorstellungen, was wie werden müsste, schlummerten. Im Buch des »Hohenliedes« im Alten Testament ist das auf die Formel gebracht, die die Mystiker gern zitieren: »Ich schlief, doch mein Herz war wach« (5,2).

Ich denke, Sie haben für die nächsten 24 Stunden genügend Stoff zum Nachdenken: über Ihre eigenen Träume, die selbstgemachten und die echten. Oder Sie achten einmal genau auf die Werbung und die Plakate und versuchen herauszufinden, an welchen Traumzustand da jeweils appelliert wird und wie illusionär das Versprechen ist. Oder Sie versuchen einfach, mit wachem Herzen durch den Tag (oder die Nacht) zu gehen; irgendwo einmal anzuhalten und auszusteigen und nichts als wahrzunehmen, was um Sie ist.

5. Tag

Der überraschende Sinn eines verpönten Wortes

Wenn jemand etwas nicht beabsichtigt oder angestrebt und auch nichts dafür getan hat, dann aber plötzlich damit beglückt oder belastet wird – vielleicht, weil ein anderer aus Jux auf seinen Namen einen Lottoschein ausgefüllt hat und der einen Hauptgewinn erzielte –, dann trifft darauf die Redensart zu: »Der ist dazu gekommen wie die Jungfrau zum Kind.«

Das Bild von der Jungfrauengeburt ist in der Religionsgeschichte uralt, weil es einer Ur-Erfahrung entspricht, nämlich genau der Erfahrung, um die es beim Advents-Abenteuer geht: dass von anderswoher etwas unerhört Neues und Anderes ankommt. Folglich verfügt auch die christliche Tradition über ihre Jungfrau, die unerwartet ihr Kind empfängt: Maria.

Mit der Geschichte von der Jungfrauschaft Marias ist genausoviel Unheil angerichtet worden wie mit der Geschichte vom Gelobten Land, und aus dem gleichen Grund: weil man sie buchstäblich genommen hat. Im einen Fall hat man die Geschichte auf Geographie reduziert, im anderen auf Biologie, und in beiden Fällen wird so die eigentliche Wahrheit völlig verfehlt.

Wie für die Geschichte vom Land ist auch für das Thema der Jungfrauengeburt die entscheidende Interpretationshilfe bereits im Neuen Testament nachgetragen, im Johannesevangelium. Dort heißt es gleich am Anfang: Alle, die das wahre Licht, das in die Welt gekommen sei (den echten Traum) aufnähmen, würden »Kinder Gottes« (was das nun genau heißt, kommt später), und zwar »nicht aus dem Blut, nicht aus dem

Willen des Fleisches, nicht aus dem Willen des Mannes, sondern aus Gott.«

Sie werden unschwer erkennen, dass wir hier immer noch beim gleichen Thema wie gestern sind: beim Offensein für etwas, das man, wenn man es aus eigener Anstrengung herbeizwingen will, eher vereitelt, als dass man es herbeiführt. Alle militärischen und politischen Versuche, »Gottesstaaten« zu errichten, führen das auf tragische, entsetzliche Weise vor Augen. In den engeren Bereichen kleiner Gemeinschaften und unserer eigenen Psyche gilt das genauso. »Qui fait l'ange, fait la bête – Wer einen Engel machen will, produziert ein Raubtier«; oder – vielleicht noch öfter – bloß eine lahme Ente.

In der Verbindung mit Maria ist ein Begriff in Umlauf gekommen, den heute die meisten Menschen nicht mehr hören können oder nur noch mit Spott und Verachtung quittieren (wenn sie ihn überhaupt noch kennen): »Keuschheit«. Selbst in der katholischen Kirche traut man sich ihn kaum mehr zu verwenden und ersetzt ihn mit dem Negativbegriff »Ehelosigkeit«, der die Weisheit schlicht kastriert. In Wirklichkeit ist »Keuschheit« für das spirituelle Abenteuer ganz wesentlich; ich sehe weit und breit keinen anderen, passenderen Ausdruck dafür.

So werde ich jetzt versuchen, Ihnen anhand der Geschichte von Maria genauer zu erläutern, was »Keuschheit« genau genommen ist – auch auf die Gefahr hin, dass Sie dieses Buch jetzt beiseite legen, weil Ihnen womöglich der Verdacht dämmert, sie würden sachte auf konservative katholische Gleise gezogen. Aber bitte lesen Sie wenigstens noch einen Satz weiter; mit dem kann ich vielleicht Ihren Entschluss vereiteln und ihre Neugier noch einmal einfangen.

Also: Das deutsche Wort »keusch« ist sprachlich über das gotische *kuskeis* vom lateinischen *conscius* abgeleitet, und *conscius* heißt: »mitbewusst, wissend, klarsichtig«; bekannter in der englischen Fassung »conscious«: bewusst, verantwortlich.

Sind Sie weiter interessiert? Wenn nicht, dann nehmen Sie bitte wenigstens diese Information mit und denken Sie selbst weiter darüber nach.
Ihnen, den verbliebenen Leserinnen und Lesern, will ich das jetzt anhand der Geschichte von Maria etwas weiter ausführen. Stellen Sie sich vor, ein dreizehn-, vierzehnjähriges Mädchen würde eines Tages eine innere Stimme hören, die zu ihr spräche: »Du wirst ein Kind direkt von Gott bekommen.« Ein normales Mädchen würde sagen: »So etwas Bescheuertes.«
Das empfand man schon vor anderthalbtausend Jahren so. Aus dem Grund hielten es damals in Armenien einige Bibel-Abschreiber für notwendig, die überlieferte Geschichte etwas auszubauen. Sie erzählten also in ihrer Bibel von zwei Anläufen des Verkündigungsengels. Das Mädchen Maria sei eines Tages mit seinem Krug unterwegs zum Wasserholen gewesen. Da habe es ein unsichtbarer Engel gegrüßt und ihm die bekannte Botschaft gebracht. Maria habe das als Unsinn abgetan und – in etwas weniger salopper Sprache – gebetet: »Gott Israels, überlass mich nicht den Trugbildern des Feindes und den Tücken des Verführers.«
Sie sehen: Das Mädchen war »keusch«: *conscius*, kritisch, mit gesundem Menschenverstand ausgestattet.
Maria ließ sich nicht leichtgläubig schwängern. Sie sei heimgegangen, heißt es weiter, und habe sich ihrer normalen Arbeit gewidmet, dem Spinnen (weil ja seit der Vertreibung aus dem Paradies die Arbeitsteilung galt, dass »Adam grub und Eva spann«).
Auf Verkündigungsbildern vor der ersten Jahrtausendwende wird Maria tatsächlich oft mit der Spindel dargestellt. Meistens sieht man daran einen langen roten Faden. Er erinnert an den Faden der Ariadne, die dem verirrten Theseus aus dem Labyrinth (oder genauer: Irrgarten) heraushalf, in dem er sich verlaufen hatte.

Symbolisch wird damit gesagt: Maria legt dem Menschen, der sich in sich selbst verlaufen und verwickelt hat, die Spur aus, auf der man zurückfindet; sie zeigt ihm die Einstellung, mit der man für mehr als sich selbst, für das ganz Andere, den ganz Anderen offen ist.

Die Geschichte im armenischen Evangelium geht dann so weiter, dass der Verkündigungsengel noch ein zweites Mal zu Maria gekommen sei, diesmal leibhaftig, wie es im Lukasevangelium (im 1. Kapitel) steht. Er musste schon konkreter daherkommen, wenn er Maria beeindrucken wollte. Und er musste ihr Rede und Antwort stehen, wie das denn geschehen sollte.

Mir ist dieses Verständnis von »Keuschheit« sehr wichtig. Es wirkt sich gewiss auch auf die Sexualität aus, ist aber nicht darauf fixiert. Biologische »Jungfrauen« beiderlei Geschlechts können höchst »unkeusch« leben, Nicht-Jungfrauen sehr »keusch«. In der christlichen Theologie gab es früher sogar den Begriff von der »keuschen Hure«, *casta meretrix*. Im Johannesevangelium wird erzählt, einer solchen, nämlich Maria Magdalena, sei als erster der Auferstandene begegnet. Aber die Sexualität ist hier nicht unser Thema.

Eher liegt mir an einem Wort zur schillernden Meditationsszene: Da grassiert ungemein viel unkritische »Unkeuschheit«, aus lauter Sucht nach wohltuenden Erfahrungen, die dem in sich selbst verliebten, angeschlagenen Ich schmeicheln. Und es wird viel polemisiert gegen das Vernunftdenken, das die Quelle aller Entfremdung des Menschen sei. Aber diese Morgendämmerung der Magier ist in Wirklichkeit die Abenddämmerung des gesunden Menschenverstandes. Man sollte das äußerst kritisch, also »keusch« durchschauen. Und seine eigenen, selbst antrainierten Seelenzustände nicht vorschnell für mystisch oder auch nur besonders »spirituell« halten. Bleiben wir auf dem Boden.

Das wird auch ausdrücklich durch den Umstand nahegelegt, dass die »Inspiration«, der Geist, der über Maria kam, während der Arbeit blitzte. Es geht also hier nicht um Erfahrungen, die einen gewissen Wohlstand und privilegierte äußere Bedingungen voraussetzen. Im Gegenteil: arbeitenden, armen, einfachen, vielleicht sogar geplagten Menschen fallen sie in den Schoß.

Wenn Sie wollen, überprüfen Sie heute einmal, ob es in Ihrem Leben Bereiche oder Momente gibt, in denen Sie tatsächlich *mehr* suchen als (genau genommen) nur sich selbst; und wie Sie das anstellen; und ob es bei Ihnen Tendenzen gibt, sich »unkeusch« an irgendwelche Erfahrungen zu hängen – vielleicht, ohne es bisher recht gemerkt zu haben.

6. TAG

Erfahrungen des Einsseins und der hilflosen Zuneigung zu allem

Heute will ich Ihnen von einer interessanten Erfahrung erzählen, die mir vor dreißig Jahren zuteil wurde und mir immer noch lebendig präsent ist. Sie zeigt, über was für erstaunliche Mechanismen unser Kopf verfügt.

Es war in der Woche, als sich zahlreiche Prüfungen für mein Universitätsdiplom auf wenige Tage konzentrierten und ich mich unter extremem Stress fühlte. Am Tag der mündlichen Prüfung in einem besonders heiklen Fach stieg ich zwei Stunden vor Prüfungsbeginn nach dem Frühstück das Treppenhaus meines Wohnheims hinauf. Die Morgensonne schien auf ein künstlerisch anspruchsloses, weiß gestrichenes Innengitter vor dem Treppenfenster. Mein Blick fiel auf das Gitter, oder genauer: mein Blick ließ sich von diesem Gitter treffen. Ich musste stehen bleiben und das Gitter anschauen, wie gebannt von seiner Schönheit, so gebannt, dass ich aus der Zeit herausfiel. Da waren nur noch die Schönheit dieses Gitters und ich, beides in einer unbeschreiblich intensiven Kommunikation, und mich überkam das Empfinden: Das wäre es. Ausweg, Erlösung. Reines Da-sein, zeitlos. Immer so bleiben. Absolut frei, ekstatisch außer mir, allen Zwängen und Prüfungen enthoben.

Das Ganze dauerte höchstens zehn Sekunden, dann war ich wieder in meiner zeitlichen Wirklichkeit, sah mich wieder der bedrückenden Tatsache ausgeliefert, dass in knapp zwei Stunden die Prüfung beginnen würde, und stapfte weiter das Treppenhaus hoch.

Ich deute das als einen eindrucksvollen, interessanten Fluchtmechanismus meines überstrapazierten Bewusstseins: Es kipp-

te kurz in die Zeitlosigkeit ab, in einen Augenblick reiner Wahrnehmung und Präsenz, in einen Zustand des Einsseins mit dem, was ich sah.
Sie finden dieses Thema, ja diese Technik der reinen, zeitlosen Wahrnehmung in der Literatur zum Beispiel besonders ausführlich bei Peter Handke. Er hat sogar ein Buch mit dem bezeichnenden Titel »Die Stunde der wahren Empfindung« geschrieben. Einmal schildert er darin, wie sich die Hauptfigur Gregor Keuschnig nach einem wie üblich verworrenen Tag abends in Paris auf eine Bank neben einem Kinderspielplatz setzte. Da »hatte er ein Erlebnis – und noch während er es aufnahm, wünschte er, dass er es nie vergessen würde. Im Sand zu seinen Füßen erblickte er drei Dinge: ein Kastanienblatt; ein Stück von einem Taschenspiegel; eine Kinderzopfspange. Sie hatten schon die ganze Zeit so dagelegen, doch auf einmal rückten diese Gegenstände zusammen zu Wunderdingen. (Ihn durchfuhr der Gedanke:) ›Wer sagt denn, dass die Welt schon entdeckt ist?‹ ... Bei dem bestärkenden Anblick der drei wunderbaren Dinge im Sand erlebte er eine hilflose Zuneigung zu allen ...«
An einer anderen Stelle heißt es: »Er fand nichts mehr lächerlich. Beim Anblick einer Frau mit einem roten Kopftuch, die die Treppe zu einem Bahnhof hinaufstieg, verstand er nicht, wie er jemals an sich selbst hatte denken können ... Indem ihm die Welt geheimnisvoll wurde, öffnete sie sich und konnte zurückerobert werden ... (Es war) ein Gefühl, dass man von jedem Punkt aus zu Fuß nach Hause gehen konnte.«
Zu solchen intensiven Erfahrungen neigt man, wenn man beziehungslos in sich selbst verheddert ist. Das war ich damals in der Stress-Situation kurz vor der Prüfung, die mich kurz wie eine Glasglocke oder ein Käfiggitter überstülpt hatte. Das ist Gregor Keuschnigs Zustand, der durch Paris irrt und wortlos für einige Minuten Sex macht mit anonymen Frauen.

Haben Sie schon die »hilflose Zuneigung zu allen« bei gutmütigen Säufern erlebt, die ab einem bestimmten Pegel sentimental werden und die ganze Welt umarmen und abküssen könnten? Ich vermute, dass man sich zum Beispiel auch mit Drogen in diese Stimmung versetzen und regelrecht süchtig nach ihr werden kann.

Unlängst hatte ich ein Buch über die meditative Einübung in universales Mitleiden, *compassion*, zu begutachten. Es war eindrucksvoll, wie da auf 180 Seiten immer neue Aspekte und Dimensionen des Mitleidens mit allen Geschöpfen und dem gesamten Kosmos erörtert und meditativ erschlossen und vertieft wurden. Merkwürdig fand ich nur, dass bis zum Schluss nie davon die Rede war, jetzt solle man von seinem Meditationssitz aufstehen, die Ärmel hochkrempeln und sein Mitleid praktisch aktivieren. Die systematisch eingeübte Zuneigung zu allen blieb merkwürdig hilf- und tatenlos.

Der Grund war vielleicht der, dass sich die Empfindung der Zuneigung am intensivsten bei gehörigem Abstand kultivieren lässt. Sie kennen das wahrscheinlich auch: Die Kinder sind kaum einen halben Tag verreist, und man fließt fast über vor Zuneigung zu ihnen; sie sind kaum einen halben Tag wieder daheim, da könnte man sie auf den Mond schießen, solche Nervensägen oder Chaoten sind sie. Ähnlich ist es mit der Sympathie für Obdachlose und Asylanten: je theoretischer die Solidarität, desto tiefer kann man sie empfinden und desto pathetischer vertreten.

Wenn alljährlich die Geschichte von der Herbergssuche für soziale Appelle genutzt wird, wäre die Nachfrage aufschlussreich, ob der oder die Appellierende tatsächlich im eigenen geräumigen Haus einen Obdachlosen oder Asylanten aufgenommen hat.

Handkes Keuschnig »verstand nicht, wie er jemals an sich selber hatte denken können«, und entdeckt dann aber doch bloß,

»dass man von jedem Punkt aus zu Fuß nach Hause gehen konnte«, also doch wieder zu sich selbst heim. Und »indem ihm die Welt geheimnisvoll wurde, öffnete sie sich und konnte zurückerobert werden«, also auch von Keuschnig für sich. Liebe Leserin, lieber Leser, das sind wohltuende, entspannende Erfahrungen, die ich Ihnen allen von Herzen gönne. Man braucht das zur Erholung immer wieder, das Stehenbleiben, das Gefühl der Verbundenheit mit allem, das Gefühl des Gegenwärtig- und Daheimseins bei sich und bei etwas Anderem. Damit unser Advents-Weg nicht zu strapaziös wird, schlage ich Ihnen sogar vor, bis morgen ein wenig in dieser Richtung zu experimentieren. Bleiben Sie gelegentlich drei bis fünf Minuten irgendwo vor irgend einem ganz alltäglichen Gegenstand stehen: einem Baum, einem Plakat, einem Brot, einem Schuh, einer Tasse, oder nehmen Sie einen Raum intensiv wahr (mich inspirieren besonders die Hallen der U-Bahn-Stationen, wenn ich ohnehin einige Minuten warten muss).

Atmen Sie langsam und tief durch und versuchen Sie, einfach vor einem Gegenstand oder in einem Raum *da* zu sein und ihn wahrzunehmen, wie er ist. Sie werden merken: Ihr Verhältnis zu ihm wird anders.

7. TAG

Wohltuendes Schweigen und das schöne Gefühl in der Badewanne

Sie, verehrte Leserin, verehrter Leser, konnten hoffentlich mit dem gelegentlichen Stehenbleiben etwas experimentieren und spüren, wie gut das tut.
Stellen Sie sich nun vor, Sie üben das intensiver.
Sie setzen sich in einer stillen Landschaft vor einem Felsenstück, einem Baum oder einer Blume nieder, vielleicht sogar im Lotussitz oder Halblotussitz. Sie entspannen Ihren Körper und achten auf Ihren Atem. Sie schauen immer unverwandt auf den Felsen, den Baum oder die Blume und lassen Ihre zerstreuenden Gedanken wie Wolken kommen und gehen, bis sie dünner und langsamer werden und sich sachte auflösen. Es kann sein, dass es Ihnen nach einiger Zeit ist, als seien Sie und der Gegenstand, auf den Sie blicken, in ein eigenartiges, fast unwirkliches Licht getaucht. Zudem ist es, als verspürten Sie ein Schwingen, ein Fluten, ein Auf- und Abebben zwischen sich und dem Felsen, dem Baum oder der Blume und als zerflössen die Grenzen zwischen Ihnen und dem, was Ihnen bislang gegenüberstand. Vielleicht geht Ihnen auf: Ich bin wie die Welle im Meer, bin eins mit diesem Fels, diesem Baum, dieser Blume, ja es gibt genau genommen nur das Meer, in dem wir alle Wellen sind. In diesem Meer des Einsseins löst sich unser Ich geradezu auf. Egoismus, Widerständigkeit, Konflikt, Streit – das alles ist Illusion, Trugbild, Irrtum, denn Ich ist Nicht-Ich. Der Dualismus, der wähnt: Ich bin hier, du bist dort und wir sind grundsätzlich geschieden, ist ein einziges großes Missverständnis. Vielleicht fällt Ihnen dazu noch ein, wie diese Erfahrung frappierend der Erkenntnis der modernen Physik ent-

spricht, dass es genau genommen gar keine fest umschriebenen, starren Körper gebe, sondern der Kosmos ein einziger Reigen tanzender, kreisender, schwingender Energieteilchen sei.

Eine solche Meditation ist ungemein entspannend und erholsam. Man bekommt ein ganz neues Gespür für die Harmonie der Welt und vielleicht sogar das Bedürfnis, diese Harmonie in seinem Leben deutlicher zu verwirklichen.

Ich hatte etliche Jahre einen Hund, der mir mit großer Sympathie und Anhänglichkeit zugetan war; außerdem hatte ihn meine Frau gut erzogen. Da dachte ich mir eines Tages: Warum bloß vor Steinen, Bäumen oder Blumen meditieren – es müsste ja eigentlich auch mit meinem Hund gehen. So setzte ich mich hin und meditierte das Einssein mit meinem Hund. Er schaute mich dabei treuherzig und erwartungsvoll an, und ich glaube nicht einmal, dass er dabei nur auf einen Happen zum Fressen wartete. Meine Meditation gelang ganz gut.

Da ich auch eine Katze hatte, versuchte ich es hierauf mit meiner Katze. Auch das fing verheißungsvoll an, solange sie eingerollt unter meinem meditativen Blick schlief, ein Inbild vertrauensvollen Ruhens. Aber ausgerechnet in dem Moment, als bei mir das Gefühl mit dem verbindenden Licht einsetzte, wachte sie auf, erhob sich, räkelte sich und stolzierte mit hoch erhobenem Schwanz davon, ohne mir die geringste Beachtung zu schenken. Katzen sind für's Meditieren zu launisch und eigensinnig.

Zu den Kühen auf der Weide vor unserem Haus fand ich überhaupt keinen meditativen Kontakt, obwohl gerade Kühe mit ihrer ruhigen, massiven Leiblichkeit und ihrem Wiederkäuen auf mich etwas besonders Meditatives ausstrahlen.

Da gab ich es auf, vor Lebewesen zu meditieren. Es gelingt nicht. Jedenfalls nicht in ihrer Anwesenheit.

Aber treiben wir das Experiment noch etwas weiter, wenigstens in Gedanken, nämlich noch eine Sprosse höher auf der Stufenleiter der Lebewesen.

Stellen Sie sich vor, liebe Leserin, Sie würden es unternehmen, sich meditativ in Ihr Einssein mit dem bildhübschen Nachbarn gegenüber zu versetzen, beziehungsweise, lieber Leser, in Ihr Einssein mit der schönen Nachbarin, von der Sie schon länger entzückt sind. Ich könnte mir vorstellen, dass Sie durchaus im Stande wären, dabei gewisse selige Empfindungen zu entwickeln. Sie dürften das nur nie dem Nachbarn beziehungsweise der Nachbarin sagen, weil Ihnen der oder die wahrscheinlich eine Ohrfeige versetzen oder Sie für verrückt erklären oder Sie anschreien und weglaufen würde.

Die ernüchternde Tatsache ist also, dass wohltuende, beglückende Meditationen am besten schweigend und vor unbelebten Gegenständen gelingen. Deshalb rottet man gern aus Meditationsgärten jede lebendige Bewegung aus und stilisiert sie zu etwas Reglosem. Wenn man sich aber die Welt derart zurechtlegen muss, damit die Meditation gelingt, sollte man aufpassen, dass man sich bei seiner einsamen, schweigenden Meditation nicht in grandiose Illusionen hineinsteigert und nicht zu exaltierte Schlüsse aus seinem Gefühl des Einsseins mit »Allem« zieht.

Der entscheidende Punkt dabei ist, dass ich den oder die oder das, mit dem ich mich eins fühlen will, nicht frage, ob er oder sie oder es auch seinerseits mit mir eins zu sein geneigt ist. Spätestens von Katzen an aufwärts aber scheinen die meisten Lebewesen dazu selten Lust zu haben. Wenn aber die Lebewesen so schnöde sind, muss man sich aufs Physikalische beschränken; das kann sich nicht wehren oder weglaufen. Darum sind in einem breiten Strom der heutigen Meditationsbewegung die Bilder aus der Physik so beliebt, um damit die Tiefenerfahrung zu beschreiben: Meer, Klang, Welle, Licht, Schwingung und so weiter.

Meiner Überzeugung nach muss aber zu einer realistischen Meditationserfahrung das *Wort* hinzu kommen, das klärt oder bestätigt, dass das, was man empfindet, tatsächlich stimmt. Sie kennen das sicher aus dem Bereich der Partnerschaft: Wenn ein Paar nur kuschelnd sein Einssein pflegt und entweder nicht miteinander reden kann oder sich beim Reden immer bald in die Haare gerät oder sogar handgreiflich wird (was öfter vorkommen soll, als man denkt), weiß jeder, dass das nicht lange hält.

Im Neuen Testament, im Johannesevangelium heißt es kategorisch: »Im Anfang war das Wort... Und das Wort ist Fleisch geworden.« Das muss auch umgekehrt geschehen: Das »Fleisch«, das Gefühl aus dem Bauch heraus, muss *Wort* werden.

Gefühle und Erfahrungen unterhalb der Ebene des Wortes, ohne das Wort, ohne das Dialogische und folglich ganz Persönliche bleiben zweideutig. Das heißt nicht, dass sie wertlos wären. Im Gegenteil: Sie sind eine Erholung vom ständigen Angesprochenwerden und Antwortenmüssen. Mir liegt der Rigorismus fern, bestimmte wohltuende Gefühle und Erfahrungen – und sogar Illusionen – zu verbieten. Man kann nicht dauernd auf intensivstem Niveau leben. Aber man kann nüchtern einschätzen, auf welchem Niveau man sich gerade aufhält.

Gönnen Sie sich also ruhig eine solche wohltuende Erfahrung. Ich möchte Sie heute sogar ausdrücklich dazu ermutigen. Legen Sie sich in die Badewanne und genießen Sie ihr physikalisches Einssein mit der Welt möglichst intensiv. Es wird Ihnen für unsere morgigen Überlegungen von Nutzen sein. Oder gehen Sie zum Schwimmen oder in die Sauna. Sie werden kreativ genug sein, auch andere Formen zu finden. Aber machen Sie daraus keine neue Religion. Sie haben noch wertvollere Dimensionen zu aktivieren.

8. TAG

Lieber Gesichter als ozeanische Gefühle

Sie haben sich hoffentlich bei Ihrer »weltlichen« Meditation des physikalischen Einsseins mit dem Wasser in Ihrer Badewanne gut entspannt, verehrte Leserin, verehrter Leser, oder wenigstens bei längerem Duschen oder im warmen Bett. Wenn nicht, denken Sie jetzt an frühere Badezeiten zurück. Es ist nämlich wichtig, dass Sie jetzt versuchen, sich dieses wohlige Gefühl noch einmal lebendig zu vergegenwärtigen: wie Sie sanft im warmen Wasser liegen, ja dank des Auftriebs fast schweben und es Ihnen ist, als seien die Grenzen zwischen Ihrem Körper und dem Wasser durchlässig geworden, ja geradezu aufgehoben.

Nun gibt es Menschen, die behaupten, eine Erfahrung dieser Art lasse sich geradezu als »mystisches Einswerden« verstehen, denn man spüre dabei, dass man mit dem »kosmischen, transmentalen und transpersonalen Einen« verschmelze. Man empfinde dabei eine überwältigende Liebe, und zwar die Liebe in Form einer absoluten Offenheit für alles und jedes, und damit jene Grundkraft, die im Innersten alles zusammenführe. Schließlich sei es ja diese Liebe, die das Atom bewege, sich mit einem anderen Atom zu einem Molekül zu verbinden, und die Moleküle, gemeinsam eine Zelle zu bilden, und die Zellen, sich zu einem größeren Organismus zusammenzuschließen.

Ich persönlich finde es ungenügend, dass man für solche Erfahrungen mit Vorliebe Vergleiche aus der Physik und Biologie verwendet (Sie erinnern sich, dass ich diesen Punkt bereits gestern angesprochen habe). Die spezifisch menschlichen Qualitäten scheinen dabei ausgeschaltet zu sein: der Verstand, die Erinnerung, das aktuelle soziale Miteinander, die Leiden-

schaft, die Fähigkeit, zu lachen und zu weinen, zu sprechen und zu schreien und seine Gefühle zu äußern.
Ich will aber in der Mystik nicht aufs Physikalische und Biologische reduziert sein, sondern meine kostbarsten Eigenschaften und Leidenschaften darin erfüllt erleben. Nichts gegen das Entspannen im Physikalischen, nichts gegen Ekstasen im Biologischen – aber wenn es dabei bleibt und das als Gipfel der »Mystik« ausgegeben wird, halte ich das für den Verlust des wahrhaft Spirituellen, ja des spezifisch Menschlichen.
Öfter findet man heute die Vorstellung, seelische, psychische Energien und physikalische Energien seien letztlich das Gleiche – und folglich die Liebe zwischen zwei Menschen die gleiche Kraft, die zwei Atome zueinander ziehe; mir scheint das ein fataler Irrtum zu sein, selbst wenn manche Leute im Randbereich zwischen beiden »beweisen«, dass man mental bestimmte physikalische Vorgänge beeinflussen könne.
Zunehmend mehr Menschen in unserer Gesellschaft wollen nicht nur ihren Körper – der in den meisten Berufen nicht mehr genügend gefordert ist – systematisch ertüchtigen, sondern auch die erholsamen, ja beglückenden Erfahrungen, die er vermitteln kann, bewusst kultivieren. In manchen Werbeschriften ist sogar die Rede vom »Glück aus dem Körper« oder vom »Körper als Himmel«. Ein Wellness-Center ums andere wird eröffnet. Dabei lautet das Motto ausdrücklich: »Bodybuilding ist out. Body & Mind ist angesagt.«
Vielleicht besuchen Sie, liebe Leserin, lieber Leser, selbst regelmäßig ein Fitness-Center. Dann kennen Sie sicher das Gefühl, wie das beharrliche Üben Körper und Geist aufbaut. Ich spreche aus eigener Erfahrung, denn als Großstadt-Single, der seine Schreib- und Übersetzungsarbeit fast dauernd am Computer verrichtet, übe auch ich regelmäßig, allerdings nicht derart intensiv, dass mir dabei geradezu »mystische« Erfahrungen zuteil würden.

Aber das sei möglich, versichern nicht wenige. Schon 1992 berichtete zum Beispiel ein Autor vom Laufen, ab einem gewissen Punkt gelinge es, von der Umwelt nichts mehr bewusst wahrzunehmen. »Das Alltagsbewusstsein ist ausgeblendet, und der Läufer befindet sich in einer fernen Gedanken- und Erlebniswelt – oft mit intensiv erlebten Tagträumen –, in einem Zustand der Selbstvergessenheit, der Versunkenheit und einer Art Trance, die als angenehm, bezaubernd und beglückend erlebt wird. Häufig wird – mit einer esoterischen oder religiösen Färbung – auch von mystischem bzw. ekstatischem Bewusstseinszustand und absoluter Verschmelzung und Harmonie mit der Schöpfung gesprochen. Eine ausgeprägte Euphorie, verbunden mit dem Gefühl überschäumender Kraft und traumhaft sicheren Handelns, kann diese Zustände begleiten, die man als ›runner's high‹ bezeichnet« (H. Jost).

Ich vermute: Ohne es recht zu merken, suchen heute zunehmend mehr Menschen in dieser Richtung ihre »spirituelle« oder »religiöse« Erfüllung. Wenn ihnen das gut tut, ist dagegen nichts einzuwenden. Aber, wie gesagt, mir wäre das zu wenig. Wie soll ich Ihnen das genauer erklären? Vielleicht so:

Versuchen Sie sich noch einmal möglichst deutlich das ozeanische Gefühl zu vergegenwärtigen, in der Badewanne zu schweben oder schwerelos im Meerwasser zu treiben. Und dann versuchen Sie möglichst lebhaft zu empfinden, was da strahlt, wenn Sie das Gesicht des Ihnen allerliebsten Menschen auf der Welt anlacht. Dann spüren Sie vielleicht den Unterschied, den ich meine.

Das ozeanische Gefühl hat kein Gesicht. Das Einssein mit allen und allem bleibt eigenartig anonym. Aber schon als wenige Tage alte Säuglinge suchen wir spontan nicht nur einen nährenden Busen, sondern ein lebendiges Gesicht. Auch als Erwachsener empfinde ich, dass das Kostbarste für mich das Gesicht eines Menschen ist, der mich liebt und anschaut.

Manche Theoretiker der »ozeanischen« Mystik behaupten allerdings, Mystik sei »grenzenlose Liebe, aber kein ›ich liebe dich‹.« Ich glaube das nicht. Noch einmal: Das wäre mir zu wenig.
Laut der Fassung des armenischen Evangeliums wies Maria den Engel zurück, als er ihr unsichtbar, gesichtslos die Botschaft, also ihre unerhörte Gnadenerfahrung, brachte. Erst als er Gesicht annahm und sich zeigte, war sie bereit, sich darauf einzulassen.
Bleiben wir für heute beim Thema »Gesicht«. Ich schlage Ihnen vor, dass Sie die nächsten 24 Stunden einmal ganz bewusst auf die Gesichter in Ihrer Umgebung achten und ihre Botschaften zu spüren versuchen. Und achten Sie auf Ihr eigenes Gesicht, was das wem aussagt.
Man lebt oft Wochen, Monate mit jemandem zusammen, ohne ihr oder ihm voll in die Augen zu schauen. Warum? Weil die Sendezeit vorbei ist? Oder weil man ausweicht, aus Unsicherheit oder Angst vielleicht? Und, bildlich gesprochen, sich lieber allein in die Badewanne zurückzieht? Oder laufen geht und hinter dem »runner's high« her ist?

9. Tag

Vom Stromstoß im Badewasser

Bei ozeanischen »mystischen« Erfahrungen verspürt man den lebhaften Wunsch: »Bleibe lange, Zustand, du bist so schön!« Wenn das Badewasser nicht nach relativ kurzer Zeit unangenehm kühl würde, könnte man Stunden in der Badewanne liegen bleiben, allein. Jemand hat gesagt, bei einer derartigen mystischen Erfahrung löse man sich geradezu in einer allumfassenden Liebe auf.

Das Praktische dabei ist, dass man das ganz allein in seiner Wohnung tun kann, in Ruhe gelassen von allen anderen Menschen. »Wir verfügen über die Möglichkeit, uns schlicht im eigenen Seinsgrund zu entspannen. Nach der mystischen Lehre vom ›Grund‹ ist die Transzendenz demokratischer Allgemeinbesitz«, schrieb unlängst jemand begeistert. Jede, jeder von uns wäre demnach metaphysisch, spirituell völlig autark und könnte grundsätzlich glücklich und entspannt endlos in sich ruhen.

Liebe Leserin, lieber Leser, das ist nicht die Art spiritueller Erfahrung, um die es mir in diesem Advents-Kurs geht. Der christliche Advent ist die Zeit einer ganz anderen Art von Erfahrungen. Diese Erfahrungen lösen Sie nicht im Badewasser auf. Nein, sie reißen Sie aus der Badewanne, als wäre ein Stromstoß durchs Wasser gezuckt. Sie sind immer kurz und sie drängen Sie geradezu fort, denn Sie halten sie nicht lange aus. Sie wirken nicht hinschmelzend, sondern sprengend, bringen Sie auf Trab. Im Unterschied dazu blockieren einen bestimmte Formen der Meditation, bei denen man frei von allen Impulsen zu bleiben versucht, um in absoluter Stille zu verharren, geradezu gegen jeden Gedanken ab, konkret etwas zu tun, und man verachtet womöglich sogar die entschieden sozial oder politisch engagierten Menschen als ziemlich unerleuchtet.

In der jüdisch-christlichen Tradition werden die intensiven spirituellen Erfahrungen fast immer als Impuls-Erfahrungen beschrieben. Wenn Sie in die Bibel hineinschauen, werden Sie sehen, dass an allen Stellen, wo – mit irgendwelchen Bildern – eine Gotteserfahrung geschildert wird, sich der oder die Betreffende unverzüglich auf den Weg macht.

Das fängt schon auf den ersten Seiten an. Adam und Eva werden aus dem Paradies vertrieben, Kain wird vom Ackerland verjagt, Noach unternimmt unverzüglich den Bau einer Arche, Abraham zieht aus seinem Land und von seiner Verwandtschaft fort, Mose mobilisiert das ganze Volk zum Auszug in die Wüste, die Propheten müssen den Mund auf- und sich unbeliebt machen. Auch in allen Adventsgeschichten ist dauernd *action* angesagt: Der Engel kommt, Maria rennt, Maria und Josef brechen auf, die Hirten eilen, die Weisen aus dem Morgenland wandern dem Stern nach, Maria und Josef fliehen.

Der eigentliche, fruchtbare Raum der spirituellen Erfahrung ist deshalb meiner Überzeugung und Erfahrung nach nicht der Meditationsraum (der kann nur darauf vorbereiten), sondern das gelebte Leben: Nicht in der Ruhe und Abgeschiedenheit, sondern mitten in den ganz und gar nicht ausgewogenen Prozessen des Jubelns wie des Trauerns, der Lust wie des Leidens, des Genusses wie der Krise reift unsere Seele, meist ohne dass wir das gleich merken. Da *alle* Menschen unter diesen Bedingungen ins Leben geworfen sind, sind gerechterweise *alle* darin verwickelt. Ich kenne arme, einfache Menschen, die gar nicht wissen, was »Meditation« ist und sich einen Meditationskurs nie leisten könnten, aber über eine erstaunliche spirituelle Reife verfügen, obwohl sie über dieses Thema nie nachgedacht haben.

Doch jetzt will ich Ihnen die Verkündigungsgeschichte an Maria als das christliche Urmodell für spirituelle Erfahrung aufschlüsseln – denn das ist sie, genau genommen, und gar nicht zu überbieten in ihrer Schilderung, dass hier spirituelle Erfahrung nicht rein spirituell bleibt, sondern bis ins Leibhaftige hinein konkret wird, Fleisch annimmt, buchstäblich, als Embryo im Schoß der Frau. (Sie steht im Neuen Testament bei Lukas, 1. Kapitel. Wenn Sie wollen, lesen Sie sie dort bitte nach.)

Es liegt in der inneren Logik der Art Erfahrung, um die es geht, dass diese Empfängnis nicht als normaler Zeugungsakt zwischen Mann und Frau beschrieben werden kann, denn sie lässt sich auch nicht mit der höchsten und leibhaftigsten Form menschlicher Kreativität herbeiführen.

Die tatsächliche Transzendenz, die mehr ist als die extremsten Gipfel unserer Selbst-Erfahrung (die sich in der Tat sehr weit treiben lässt) ist keineswegs demokratischer Allgemeinbesitz, mit dem man nach Belieben manipulieren könnte, sondern rein Zufallendes, Geschenktes, nein, dramatischer: einschlagender Blitz.

Das schließt nicht aus, dass zwischen dem Blitz und dem, worin er einschlägt, eine innere Kongenialität bestehen könnte, eine Fähigkeit, Blitze anzuziehen. Aber alles Ziehen löst keinen Blitz aus. Die einzige Bedingung ist das grundsätzliche Einverständnis, sich treffen zu lassen. Aus dem Grund wird in der Geschichte von der Verkündigung an Maria so deutlich hervorgehoben, dass Maria gefragt wurde und ausdrücklich ihr Ja sagte. Meistens ist das Ja allerdings impliziter. Wie bei jedem echten Abenteuer leidet man darunter, gewaltig strapaziert zu werden, möchte es aber auf keinen Fall missen.

In der Verkündigungsgeschichte wird die intensivste spirituelle Erfahrung als ein solcher Blitzschlag geschildert. Das erfassten ganz besonders deutlich die frühmittelalterlichen

Buchmaler, die ja nicht bloß Malhandwerker, sondern sensible Künstler und Kontemplative waren. Sie lassen die Heilig-Geist-Taube wie einen Sturzkampfflieger auf Maria herabschießen. An anderen Stellen im Neuen Testament wird die entsprechende Erfahrung tatsächlich deutlicher so beschrieben. Von Paulus zum Beispiel heißt es, ein Lichtstrahl vom Himmel habe ihn vom Pferd und aus der Bahn geworfen und geblendet (das steht in der Apostelgeschichte im 9. Kapitel). Und in der Pfingsterzählung (ebenfalls in der Apostelgeschichte, 2. Kapitel) bebt das ganze Haus, und Feuerflammen fahren auf alle herab.

Für unser heutiges Verständnis formuliert, sagt Lukas in seinem Evangelium: Die intensivste spirituelle Erfahrung ist so erschütternd, wie wenn in einem streng islamischen Land ein sorgsam behütetes, verschleiertes Mädchen plötzlich schwanger würde. Etwas Schrecklicheres könnte diesem Mädchen gar nicht passieren, und trotzdem freut es sich, schwanger zu sein. Solche Mädchen werden gewöhnlich gesteinigt. Aber der Verursacher dieser Schwangerschaft übernimmt die Verantwortung und findet unglaubliche Mittel und Wege, damit die Steinigung nicht stattfindet und das Kind durch alle Fluchten und Schmerzen hindurch ausgetragen wird.

Wie wäre es, liebe Leserin, lieber Leser, wenn Sie in Ihrer eigenen Lebensgeschichte einige Stellen aufsuchen würden, an denen alles anders als gedacht kam; wenn Sie gewisse Blitz-Einschläge (oder auch langsamer angebahnte Katastrophen) noch einmal genau anschauen und zusehen würden, was da als Impuls für Ihr weiteres Leben drinsteckte?

10. Tag

Eine unglaubliche Erfahrung: ineinander zu wohnen

Versuchen Sie, verehrte Leserin, verehrter Leser, sich noch einmal die vom Blitz- und Donnerschlag ihrer Erfahrung getroffene Maria, von der gestern die Rede war, möglichst lebhaft vorzustellen. Sie werden unschwer nachvollziehen können, dass sie das allein nicht aushält. Ihr Verlobter Josef ist entweder nicht da (wie modern!) oder – wahrscheinlicher (und genauso modern) – sie kann mit ihm nicht reden. Er muss in einem Traum aufgeklärt und motiviert werden, zu Maria zu stehen. So rennt sie über alle Berge.

Die historische Maria in ihrem Milieu hätte das nicht tun können; heute noch ist es im Oman und anderen islamischen Ländern unmöglich, dass eine Frau allein auch nur in der Stadt ein Taxi nimmt. Das zeigt wiederum, dass unsere Geschichte als Urmodell für die Beschreibung einer Erfahrung und ihrer Auswirkungen gedacht ist.

Dass es dem Verfasser, dem Evangelisten Lukas, um die symbolische Beschreibung einer bestimmten Erfahrung ging, lässt sich an etlichen Anzeichen nachweisen. Falls Sie seine Erzählung im 1. Kapitel seines Evangeliums genau nachlesen, achten Sie zum Beispiel darauf, dass Maria in ihrem Loblied, dem berühmten »Magnificat«, gar nicht ihr Kind erwähnt (das nach der üblichen Auslegung der Geschichte eigentlich der Mittelpunkt sein sollte), sondern ausschließlich ihre Erfahrung bejubelt, von Gott überreich beschenkt worden zu sein.

Lukas schrieb seine Geschichten zudem für Leser, die in der jüdischen Gedankenwelt zuhause waren und Zusammenhän-

ge und Aussagen erkannten, die uns heute meistens verborgen bleiben. Ich will Ihnen kurz einige Beispiele nennen:
Wenn Lukas bei der Verkündigung den Engel zu Maria sagen lässt: »Die Kraft des Höchsten wird dich überschatten«, verwendet er genau die Formulierung, mit der im 40. Kapitel des Buches Exodus beschrieben wird, wie Gottes überwältigende Herrlichkeit sich auf der »Bundeslade« niederließ, dem tragbaren Kultheiligtum, das die Juden auf ihrer Wanderung durch die Wüste mit sich führten. Folglich sagt er damit verschlüsselt: Ab jetzt ist nicht mehr ein Kultheiligtum, ein Tempel, eine Kirche der wichtigste Ort der Gegenwart Gottes, sondern *du* bist es, Maria, *du*, Frau, *du*, Mensch. *Du* bist Gottesträgerin, Gottesträger. Offener konnte es Lukas wahrscheinlich damals nicht sagen, sonst wäre er als Gotteslästerer gesteinigt worden. Sie werden in der Geschichte vom Besuch Marias bei Elisabet ferner lesen, dass Maria »ins Bergland von Judäa« eilte und dort »etwa drei Monate blieb«, und das wahrscheinlich nicht weiter beachten. Wieder hat Lukas hier etwas verschlüsselt. Im 6. Kapitel des 2. Buchs Samuel wird nämlich erzählt, wie König David die Bundeslade in Juda holen will, »vom Haus Abinadabs, das auf einem Hügel stand«. Die Gegenwart Gottes darin erweist sich aber als so furchterregend und überwältigend, dass David ausruft: »Wer bin ich, dass die Lade des Herrn zu mir kommen könnte?« Genauso lässt Lukas Elisabet ausrufen: »Wer bin ich, dass die Mutter meines Herrn zu mir kommt?«
Und von der Bundeslade in der David-Geschichte heißt es weiter: David ließ sie »drei Monate lang« im Haus Obed-Edoms aus Gat. Also ist hier wieder verschlüsselt, aber für Eingeweihte eindeutig gesagt: Die »Bundeslade«, das Kultheiligtum, ist jetzt personalisiert, das heißt auf einen Menschen, auf die von Gott Begnadete, übergegangen.
Ich hoffe, dieser kurze Ausflug in die – Ihnen vielleicht frem-

de — Sprach- und Bilderwelt der Bibel hat Sie nicht ermüdet. Aber wenn ich sehe, wie viele Menschen sich heute auf der Suche nach spiritueller Weisheit mit Hingabe in Weltbilder und Vokabularien uralter und ferner Traditionen einarbeiten, denke ich, ist es zumutbar, sich auch ein bisschen Zeit zu nehmen, um Traditionen der eigenen Kultur wieder besser zu verstehen.

Worum es uns hier geht, ist also der jähe Einbruch einer kaum zu beschreibenden Erfahrung. Das Geheimnis und Unfassliche, der Ganz Andere bricht in ein Menschenleben herein und krempelt es völlig um.

In dieser Geschichte ist eine Erfahrung und damit Wahrheit festgehalten, die für die jüdisch-christliche Tradition ganz charakteristisch ist. Man findet heute im Gefolge der New-Age-Bewegung recht oft die Vorstellung, der Mensch, wie er sich vorfindet, sei von Natur aus »göttlich« und »unsterblich«; er sei sich dessen nur nicht bewusst. Die Bibel ist da nüchterner. Darin heißt es (im 90. Psalm): »Der Mensch gleicht dem sprossenden Gras. Am Morgen grünt es und blüht, am Abend wird es geschnitten und welkt.« Und in der katholischen Liturgie gab es den Ritus, den Menschen am Aschermittwoch Asche auf den Kopf zu streuen und ihnen zu sagen: »Gedenke, o Mensch, dass du Staub bist und zum Staub zurückkehren wirst.« Weil das heute zu beleidigend und deprimierend wirkt, hat man den Spruch vor einigen Jahren in eine Ermahnung zur Bekehrung geändert.

Dem Menschen so gnadenlos auf den Kopf zuzusagen, er werde sterben und vergehen, war in Wirklichkeit der Auftakt zur dramatischen Inszenierung eines symbolischen Weges, der in die Botschaft von der Auferstehung führte. Das Drama lautet, kurz gesagt: Aus dir selbst bist du, Mensch, ein armes, kurzlebiges Wesen und immer wieder sehr blind und inkonsequent, aber der Ganz Andere, Ewige will dich ansprechen, packen,

»adoptieren« und mit seiner Göttlichkeit und Unsterblichkeit anstecken.

Der springende Punkt dabei ist: Du bist nicht auf Grund deiner physikalischen oder biologischen Natur »göttlich«, sondern du wirst es auf dem Weg der Beziehung und Kommunikation. So wie zwei Liebende »ineinander wohnen«, so wirst du, Mensch, »Wohnung« dieser neuen Wirklichkeit, wenn der Funke zündet, der Blitz einschlägt.

Bei Dante findet sich in seiner »Göttlichen Komödie« (die richtiger ein »Drama« ist) die wunderbare Bitte: »Ach, wenn ich doch dir einge-du-t wäre, wie du dich mir einge-ich-t hast« (*s'io m'intuassi, come tu t'immii*, Paradiso IX,81). Mit seiner Überstrapazierung der Sprache deutet Dante an, dass das eine unaussprechliche Erfahrung ist: »Du in mir, ich in dir.«

Das war heute etwas starker Tobak, liebe Leserin, lieber Leser. Lassen Sie sich nicht davon entmutigen, dass ich so viel vom »Göttlichen« und »Ganz Anderen« gesprochen habe.

Ich hoffe, Sie sind in der glücklichen Lage, schon erfahren zu haben, wie ein anderer Mensch in Ihnen regelrecht »wohnen«, geradezu in Ihrer »Substanz« anwesend, Ihnen zuinnerst gegenwärtig, bei und mit Ihnen sein kann. Verweilen Sie bewusst etwas ausführlicher in dieser Erfahrung. Und versuchen Sie sich vorzustellen, dass auf diese Weise auch eine noch größere Wirklichkeit, etwas noch Geheimnisvolleres in Ihnen wohnen könnte, zu dem Sie bewusster den Kontakt suchen könnten.

11. Tag

»Glühende Eingeweide« und die Freundschaft

Wir sind immer noch mit der Erfahrung beschäftigt, wie etwas Unglaubliches, Anderes – ein Unglaublicher, Anderer – ins Leben wie ein Blitz hereinfahren kann. Sie treibt einen zu anderen Menschen, um sie mit ihnen zu teilen und sie sich von ihnen bestätigen zu lassen. Wenn man mit seinen Erfahrungen ganz allein bleibt, zermürben einen die schlechten, die guten dagegen zerbröseln einem.

Maria eilt also unverzüglich zu Elisabet, erzählt der Evangelist Lukas. Sie braucht das Gesicht eines anderen Menschen, auch einer Schwangeren, auch einer Begnadeten. Sie haben sofort eine gemeinsame Wellenlänge. Das drückt Lukas dadurch aus, dass er ihr Gespräch in Liedform wiedergibt. Grund genug zum Problematisieren und Diskutieren hätten die beiden, aber nein, sie umarmen und küssen einander, erzählen sich gegenseitig ihre Erfahrungen und verfallen dabei von der Prosa in die Poesie, ins Lied.

Dass ihre Freude, ja ihre Ekstase bis ins innerste Mark gehe und wahr sei, bringt der Evangelist Lukas ins merkwürdige, aber treffende Bild, dass, während die beiden Frauen von Angesicht zu Angesicht kommunizieren, die beiden Kinder in ihrem Bauch ebenfalls fröhlich korrespondieren: »In dem Augenblick, als ich deinen Gruß hörte, hüpfte das Kind vor Freude in meinem Leib«, erzählt Elisabet Maria. Auf alten Darstellungen sind die beiden einander zuwinkenden Kinder sogar wie in einer Art Schaukasten im Bauch ihrer Mütter zu sehen. Dazu ist interessant zu wissen, dass das hebräische Wort für die aus dem Innersten kommende Liebe, der Begriff rachamím, abgeleitet ist vom Wort réchem, das den »Mutterschoß«, die

»Gebärmutter« bezeichnet. In der hebräischen Sprache hat sich also besonders anschaulich die Erfahrung niedergeschlagen, dass echte Liebe nicht zuerst aus dem Kopf, sondern elementar aus dem Bauch kommt. Dass man das schon vor über zweieinhalbtausend Jahren wusste, ist in der Bibel anschaulich in der Geschichte vom berühmten »salomonischen Urteil« beschrieben. Sie steht im 3. Kapitel des »1. Buches der Könige«: Zwei Frauen entbinden am gleichen Tag im gleichen Raum. Nachts erdrückt die eine im Schlaf versehentlich ihr Kind und tauscht das tote Kind heimlich gegen das lebende der anderen aus. Die merkt und spürt das. Es kommt zum Streit. König Salomo soll entscheiden, welcher das lebende Kind nun wirklich gehört. Gen-Tests gibt es noch nicht. Doch Salomo weiß einen genauso sicheren anderen Test. Er verordnet: »Jede Frau bekommt eine Hälfte des lebenden Kindes. Haut es also mit dem Schwert mitten durch.« Bei der Vorstellung, ihr eigen Fleisch und Blut, geradezu ihre Gebärmutter – réchem – werde gleich zerhackt, drehen sich der Mutter des lebenden Kindes buchstäblich die Eingeweide um – rachamím –, und sie bittet, das Kind lieber lebend der anderen zu geben, als es zu töten. Damit weiß Salomo, von welcher Mutter das Kind ist, und gibt es ihr (natürlich unzerteilt) zurück.
Ein sehr frühes Zeugnis bemerkenswerter psychologischer Weisheit! Und eine dramatische Schilderung, was rachamím ist: die innerste Betroffenheit von dem, was im oder am anderen geschieht; das alarmierte, hingerissene Spüren: Hier ist meine eigene, innerste Substanz im Spiel! Unsere deutschen Übersetzungen geben das nur blass oder gar nicht wieder.
Im Buch »Genesis« in der Bibel gibt es (in den Kapiteln 37 bis 50) die lange Erzählung über Josef, den jüngsten von zwölf Brüdern, den seine Brüder als Sklaven ins Ausland, nach Ägypten, verkaufen. Josef hat jedoch Glück und macht in Ägypten Karriere, während seine Brüder ins Elend geraten.

Nach Jahren landen die Brüder als Wirtschaftsflüchtlinge in Ägypten und geraten an Josef, ohne ihn zu erkennen. Aber der erkennt seinen jüngsten Bruder Benjamin, und seine Reaktion übersetzt Luther immerhin mit: »Sein Herz entbrannte ihm gegen seinen Bruder«. Der jüdische Religionsphilosoph Martin Buber hat die gleiche Stelle treffender so übersetzt: »Sein Eingeweide glühte seinem Bruder zu.«

An allen anderen Stellen, wo es in der Bibel um diese Art Liebe geht, taucht der gleiche Ausdruck auf. Er wurde sogar in ein entsprechendes griechisches Wort umgesetzt, das auch im Neuen Testament verwendet wird. An der Stelle bei Lukas (Kapitel 15), wo erzählt wird, ein Vater habe seinen davongelaufenen Sohn von weitem wieder heimkommen sehen, müsste die Übersetzung wörtlich ebenfalls heißen: »... und sein Eingeweide glühte ihm zu«. Wie langweilig ist im Vergleich damit doch die Formulierung der Einheitsübersetzung: »... und er hatte Mitleid mit ihm«! Oder Luther übersetzte: »Und es jammerte ihn« ...

Es geht hier also jedes Mal um eine elementare menschliche und zugleich spirituelle Erfahrung: Zwei Menschenwesen kommen aufeinander zu, ein Funke springt über, und »ihre Eingeweide glühen einander zu«.

In der christlichen Tradition wurde als Bild für genau diese aufregende Erfahrung mit Vorliebe die Szene der Begegnung von Maria und Elisabet verwendet, und zugleich diente diese Begegnung auch als Bild für die mystische Erfahrung. Man verknüpfte damit die erotischen Texte des »Hohenlieds«, einer Sammlung von Liebesliedern im Alten Testament, namentlich den folgenden: »Horch! Mein Geliebter! Sieh da, er kommt. Er springt über die Berge, hüpft über die Hügel. Der Gazelle gleicht mein Geliebter, dem jungen Hirsch. Ja, draußen steht er an der Wand unsres Hauses; er blickt durch die Fenster, späht durch die Gitter. Der Geliebte spricht zu mir: Steh auf, meine Freundin, meine Schöne, so komm doch! Denn vorbei ist der Winter, verrauscht der Regen. Auf der Flur erscheinen die Blumen; die Zeit zum Singen ist da. Die Stimme der Turteltaube ist zu hören in unserem Land.«

Fällt Ihnen auf, dass damit ein hoch erotischer Text auf die Erfahrung zweier Menschen gleichen Geschlechts angewandt wird: eben auf die Begegnung Marias mit Elisabet und parallel auf diejenige der Kinder Jesus und Johannes? Und dass meine Beispiele für das »Zuglühen der Eingeweide« das Empfinden zwischen der Mutter und dem Kind, Josef und Benjamin und zwischen dem Vater und dem entlaufenen Sohn beschrieben? Man sollte doch erwarten, dass das geeignetste Bild für die mystische Erfahrung dasjenige des ekstatischen Entzückens von Mann und Frau aneinander wäre. Mir scheint darin ein Hinweis auf ein subtiles Problem zu stecken.

Man könnte argumentieren: Wenn ich (nach einer Formulierung von Martin Buber) »nur *du*-sagend *ich* werde«, wenn Liebes-Erfahrung, ekstatische Erfahrung im Anderen das Ur-Eigenste aufblitzen lässt und einem folglich in der Begegnung mit dem Anderen ein letztes, endgültiges Ankommen bei sich selbst geschenkt wird (also eine Art Spiegel-Erfahrung eintritt), dann ist natürlich der Vergleich geeigneter, dass eine Frau sich in einer Frau am besten wiederfindet und ein Mann am besten in einem Mann. Kein Mann könnte die schwangere Maria so gut verstehen wie die schwangere Elisabet.

Aber mir scheint das Problem tiefer zu liegen. Damals wie heute sind nämlich die Mann-Frau-Spannung, die Erotik und die Sexualität für die spirituelle Erfahrung irritierend. Die Erotik weckt im Menschen atemberaubende kreative Energien; und gewiss wäre es das Ideal, dass die sexuelle Ekstase nahtlos in die spirituelle überginge und beides zu einer einzigen, allumfassenden Erfahrung würde. In Wirklichkeit scheint die Sexualität über einen eigenartigen Sog zu verfügen, der viele eher in eine suchtartige Abhängigkeit verstrickt, als sie zu ihren großartigsten Möglichkeiten als reife, zu befreienden Beziehungen fähige Menschen zu inspirieren. So gibt es in der jüdisch-christlichen Tradition (aber auch in anderen Traditionen, etwa im Buddhismus) seit uralten Zeiten die Abwehr gegen eine Vergötzung des Sexus und die naive Gleichsetzung von sexueller mit spiritueller Ekstase. Zweifellos vermischte sich dieses Anliegen auch mit starken leibfeindlichen Tendenzen, jedoch wäre es unklug, im Überschwang der heutigen neuen Freude am Körper und Leibhaftigen die Weisheit der spirituellen Tradition einfach rundweg beiseite zu wischen und in längst bekannte Fallen zu tappen.

Ich vermute, dass nicht zuletzt deshalb in der Bibel dieses starke Bild, dass sich die »Eingeweide« zweier Menschen »zuglühen«, eigenartiger Weise nicht auf die Anziehungskraft und Liebe zwischen Mann und Frau angewandt wird, sondern auf die soziale Liebe und die Freundschaft. In diesen Beziehungen sind nämlich überspannte oder infantile Verschmelzungsphantasien weniger wahrscheinlich, und darum sind sie als Vergleiche für das »ineinander Wohnen«, von dem gestern die Rede war, tauglicher.

An der vorhin zitierten Stelle aus dem Hohenlied heißt es weiter: »Dein Gesicht lass mich sehen, deine Stimme hören! Denn süß ist deine Stimme, lieblich dein Gesicht.« Ist dieser Ruf nach *Gesicht* und *Stimme* nicht ein deutlicher Hinweis auf die Sehnsucht, sich über alle Formen physikalischen und physisch-sexuellen Einsseins hinaus auf der Ebene des Personalen zu finden, als einmaliger Mensch mit einem einmaligen Menschen? Und auch auf spirituellem Gebiet ein Einssein nicht als Verschmelzung, sondern als Ineinander dank einer beglückenden Beziehung zu suchen?

Ich möchte Sie anregen, sich bis morgen mit diesem Bild vom »Zuglühen der Eingeweide« zu beschäftigen. Kennen Sie diese Erfahrung? Gegenüber wem? Und: In welcher Form der Liebe würden Sie den Gipfel Ihres Glücks und Ihrer Vollendung sehen?

12. Tag

Dass die Männer bei der ganzen Geschichte alt aussehen, und von Visionen

Zweifellos ist Ihnen aufgefallen, liebe Leserin, lieber Leser, dass auf diesem Advents-Weg, zu dem ich Sie anzuregen versuche, das weibliche Element stark überwiegt. Tatsächlich ist der Advent eine sehr weiblich geprägte Zeit. Das ist kein Zufall, sondern es liegt an der Natur dieses Prozesses, der sich ja – ich sagte es gleich am Anfang – keineswegs auf den Advent des Monats Dezember beschränkt, sondern als Abenteuer durch alle Jahreszeiten im Gange ist.

In der Geschichte Marias, die von Gott ein Kind empfängt, wird die zentrale, entscheidende Erfahrung der christlichen Spiritualität beschrieben, die man herkömmlicherweise entweder als »die Geburt Gottes in der Seele« oder »die Geburt Christi im Menschen« bezeichnet. Die Christenheit war durch alle Jahrhunderte hindurch davon überzeugt, einmal in der Weltgeschichte sei diese Geburt nicht nur spirituell, sondern sogar leibhaftig geschehen; und ich persönlich glaube das auch. Die stärksten Bilder und Symbole sind die tatsächlich und konkret gelebten.

Bei dieser Geburt sieht die männliche Potenz und alles, wofür sie steht, alt aus. Tatsächlich wird Marias Mann, Josef, fast immer als alter Mann abgebildet. Vielleicht lässt sich sogar sein Beruf für unseren Zusammenhang deuten: Er sei Zimmermann gewesen, heißt es. Zimmermänner sind unter anderem für das Zimmern von Kreuzen zuständig. Immer, wenn Männer das »Reich Gottes« oder jedenfalls die »Herrschaft der Guten« aus ihrer eigenen Potenz heraus herbeiführen wollen, werden schließlich unzählige Kreuze gezimmert. Aktuelle

Beispiele, auch aus anderen Religionen und Kulturen, brauche ich Ihnen nicht zu nennen.

Josef wird also ganz treffend als alter Mann geschildert, der sich zurückhält. Auf Weihnachtsdarstellungen steht er oft abseits oder im Hintergrund oder ist wesentlich kleiner als Maria abgebildet. Er sitzt da wie ein alter Mönch, genau in der Haltung, die in den alten Schriften der orientalischen und russischen Mönche als Meditationshaltung der »kyklikè kinesis« empfohlen wird: »auf einem niedrigen Stuhl mit gesenktem Kopf, um sich in dieser Stellung von allen Gedanken, Vorstellungen und Phantasien freizumachen.« Zuweilen schützt er mit der Hand die Flamme einer brennenden Kerze. Das ist ein Zeichen, dass er ein Licht bewahrt und leuchten lässt, das nicht von ihm selbst stammt. Schon das ist ein eher weibliches Bild. Wenn er dann noch mit Vorliebe als »Nährvater« Jesu bezeichnet wird, ist seine Ammen-Rolle so gut wie perfekt.

An den paar Stellen, an denen Josef im Neuen Testament genannt wird (bei Matthäus im 1. und 2. Kapitel), schläft er immer gerade und träumt dabei Träume – das Thema kennen wir schon –, die ihn aus allem Gewohnten und Erwarteten herausreißen und zu sofortigem Handeln auffordern: »Nimm deine nicht von dir schwangere Frau zu dir!« Und er nimmt die Frau zu sich. »Steh auf, nimm das Kind und seine Mutter und flieh nach Ägypten!« Und er nimmt sie und flieht. Einige Zeit später: »Steh auf, nimm das Kind und seine Mutter und zieh in das Land Israel!« Und er nimmt sie und zieht los. Das war auch nach dem Tod des Herodes noch immer riskant, weil in Judäa inzwischen sein genauso schlimmer Sohn Archelaus herrschte. Es heißt deshalb: »Josef fürchtete sich, dorthin zu gehen. Und weil er im Traum einen Befehl erhalten hatte, zog er in das Gebiet von Galiläa und ließ sich in einer Stadt namens Nazareth nieder.«

Josef ist in starken Strichen als der Typ des Menschen ge-

zeichnet, der sich wortlos von Gott herumkommandieren lässt (von ihm ist kein einziges Wort überliefert; Maria war da anders). Die Folge ist ein ziemlich abenteuerliches Leben.
Nun, ein Abenteurer-Typ zu sein gilt als besonders männlich. Die rauen dekorativen Marlboro-Männer, die ewigen Cowboys, grüßen! Und die Männer (und Frauen) aus den Katalogen jener Versandhäuser, die sich auf die für Abenteuer-Urlaube unerlässliche Outdoor-Ausrüstung spezialisiert haben. Der Abenteurer Josef passt nicht zu diesen Typen, die ihre Abenteuer auf eigene Faust mit ziemlich abgesichertem Risiko und optimaler Ausrüstung planen. Josef plant nichts. Er ist für Überraschungen offen und lässt sich unverzüglich auf sie ein.
Ich will Ihnen, verehrte Leser und Leserinnen (um hier passenderweise einmal zuerst die Männer anzusprechen), nicht empfehlen, sich willenlos von Gott herumkommandieren zu lassen, zumal ich immer noch nicht darauf eingegangen bin, was ich mit »Gott« meine. Um was es in Wirklichkeit geht, hat ein Zisterziensermönch des 12. Jahrhunderts, Gilbert von Hoyland, treffend formuliert: »Es täte dir gut, dich zu einem Schlaf hinzulegen, bei dem dein menschliches Beurteilen, Begehren und Befürchten einschlummern würde und du Träume echter Einsicht träumen könntest.«
Vielleicht nähern wir uns dabei sogar der Frage, was mit »Gott« gemeint sein könnte; aber im Augenblick geht es mir um die genaue Einstellung: eine Einstellung zur Wirklichkeit und Zukunft, die wir uns gewöhnlich selbst ziemlich vernebeln. Wir sind derart mit unserem eigenen Beurteilen, Begehren und Befürchten beschäftigt; wir kreisen derart um uns selbst und schotten uns ab, dass wir für die wahren Abenteuer, die nicht von uns gebuchten, kaum mehr ansprechbar sind oder an ihnen zu zerbrechen drohen.
Unter dem Eindruck des ersten Pfingstfestes, als das ganze Haus bebte, Feuer vom Himmel fiel und die Türen der Angst

der seit der Kreuzigung Jesu verschreckten Jünger wegsprengte, trat Petrus auf und zitierte in seiner Predigt triumphierend den Propheten Joel. Jetzt geschehe, was der verheißen habe: »Eure jungen Männer werden Visionen empfangen, und eure alten Männer werden Träume haben.« Das erinnert noch einmal an den alten Mann Josef mit seinen Träumen und zeigt, dass es keine Frage des Alters, sondern der Fähigkeit ist, sich vom ganz Anderen aus seiner selbst entworfenen Welt herausreißen zu lassen. Wo diese Fähigkeit schwindet, haben alte wie junge Männer keine Visionen mehr, sondern lassen sich nur noch Tele-Visionen vom Fernseher und Computerbildschirm vormachen; sie empfangen keine Befehle zum Aufstehen und Handeln mehr, sondern nur noch SMS-Botschaften auf ihrem Handy-Display — und die sind nicht weit her (obwohl sich Gott grundsätzlich sogar ihrer bedienen könnte; das Hauptproblem ist die Wellenlänge dessen, der sie abliest).
Ich möchte Sie für heute mit der Frage sich selbst überlassen: Habe ich mich auf ein selbstgenügsames Leben eingerichtet – oder wäre ich noch zu Visionen fähig? Zu welchen? (Auf die echten werden Sie nie von allein kommen.)

13. Tag

Die paradoxe Aufgabe, sich um etwas zu bemühen, was man mit keiner Anstrengung und Mühe erreicht

Wir sind jetzt an einem Punkt, werte Leserin, werter Leser, an dem sich unsere Überlegungen auf die Frage zuspitzen: Wenn man das Überraschende und Andere, worum es im spirituellen Leben geht, überhaupt nicht selbst machen kann – was soll man denn dann überhaupt machen? Tatsächlich ist das Vertrackte an der Geschichte, dass es um etwas (vielleicht sogar um jemanden) geht, das (oder den) man mit keinerlei Training und Übung herbeimanipulieren kann und auf das man sich trotzdem vorbereiten sollte.

Was wir Menschen natürlich immer machen können, ist, unsere eigene Psyche auszuloten und darin erstaunliche, ja faszinierende Dimensionen zu entdecken. Erfahrene schildern, es gebe sogar eine Art inneres Licht unseres Geistes, das sich erfahren lasse und das man leicht mit etwas Transzendentem verwechseln könne.

Wer behauptet, wir selbst seien göttlicher Natur oder trügen jedenfalls das Licht in uns, weiß natürlich auch, was zu machen ist: Dann geht es gezielt um die Aufgabe, unseren Geist in die richtige Verfassung zu bringen, damit ihm diese seine eigene Natur unvermeidlich aufstrahlt. Dann ist es nur eine Frage der Konsequenz und Konzentration, sich selbst zu ergründen und diese Wirklichkeit zu erfahren. Damit hat man etwas, woran man arbeiten kann, auch wenn die Arbeit schwierig sein mag. Unlängst las ich von einem Zen-Lehrer, er verspreche, nach spätestens drei Jahren konsequenten Meditierens werde man die Erleuchtung erlangen.

Die christliche Tradition ist da paradoxer und wirkt sehr viel unpraktischer. Sie verspricht überhaupt nicht, dass man in absehbarer Zeit etwas erlangen könne. Bernhard von Clairvaux etwa schrieb, er könne auf keine Weise das erreichen, worum es gehe. »Ich bin in die höchsten Giebel meines Geistes hinaufgeklettert, aber es war weit oberhalb von allem; ich bin in die tiefsten Keller meiner Seele hinabgestiegen, aber es war weit unterhalb von allem. Wenn ich nach draußen spähte, erkannte ich, dass es weiter außen ist als alles mir Äußere. Wenn ich in mein Inneres schaute, merkte ich, dass es weiter innen ist als alles in mir Innere.«

Jedoch berichtet er durchaus davon, er werde zuweilen vom »WORT«, wie er es nennt (und groß schreibt), überraschend »angesprochen«: »Das geschieht, wenn der Geist, fasziniert vom WORT, sich sozusagen sich selbst wegnimmt, oder besser: von sich selbst weggerissen wird und sich selbst verliert, um ganz im Genuss des WORTES aufzugehen.«

Das sei eine ekstatische Erfahrung, »selten zwar, aber doch zuweilen; oder auch nur einmal, und dies ganz plötzlich, im Zeitraum eines einzigen winzigen Augenblicks. Du verlierst dich sozusagen ganz, gleichsam als wärest du nicht mehr; du spürst dich überhaupt nicht mehr, bist völlig ausgeleert und nahezu zu Nichts geworden. Zwar bleibt deine Substanz als Mensch, aber in einer anderen Form, in einer anderen Herrlichkeit, in einer anderen Potenz ... Fleisch und Blut, tönernes Gefäß, irdische Wohnstatt: Wann kannst du das fassen? Wann dieses Angerührtwerden erfahren: dass dein Geist sich selbst vergisst, wie ein Gefäß in sich selbst zerbricht, *ein* Geist mit Gott wird?«

Vielleicht sagen Sie jetzt, das sei mit einem Mal eine etwas zu starke, kaum nachvollziehbare Beschreibung. Tatsächlich ist es das Stärkste, was unser Advents-Abenteuer zu bieten hat. Sie erkennen aber wohl, dass das alles im Bild von der Verkündigungsszene an Maria und dann auch im Weihnachtsbild steckt: »das WORT wird Fleisch«. Mir gefällt es übrigens, dass Bernhard selten einfach von »Gott« spricht, sondern mit Vorliebe den behutsameren, weniger belasteten Begriff »WORT« verwendet.

Erwarten Sie nicht, dass ich Sie zu dieser Erfahrung hinführe. Es dürfte deutlich genug geworden sein, warum das nicht geht. Sogar Bernhard, der Erfahrene, sagt: »Woher das WORT in meine Seele kam oder wohin es wiederum ging, weiß ich bis heute nicht. Es heißt ja in der Schrift: ›Du weißt nicht, woher er kommt oder wohin er geht‹.«

Was also können wir tun?

Direkt nichts. Aber immerhin indirekt einiges. Und darum soll es im Folgenden gehen.

Bernhard spricht absichtlich vom WORT und legt damit vor allem eine Aufgabe nahe: uns darum zu bemühen, überhaupt ansprechbar zu sein.

Manche behaupten, grundsätzlich werde jeder Mensch mindestens einmal irgendwann in seinem Leben von Gott angesprochen; aber da Gott diskret und leise spreche, hörten das die meisten nicht oder redeten ohne Pause auf ihre eigene laute Art weiter und vergäßen es wieder.

Der aramäische Begriff für »tot sein« lautet wörtlich übersetzt: »Nicht hier, sondern anderswo sein.«

Spirituell, psychisch, mit unseren Gedanken, sind wir, wenn wir's genau bedenken, eigentlich die meiste Zeit »tot«: »nicht hier, sondern anderswo.« Und folglich auch nicht wirklich ansprechbar. Damit taucht eine zweite Aufgabe auf: sich ins Anwesendsein, ins Gegenwärtigsein einzuüben. Die schönste Anrede hilft nichts, wenn man seinen Kopf anderswo hat.

Bernhard von Clairvaux vergleicht die Seele des Menschen mit einem bildhübschen Mädchen, einem leichtfertigen jungen Ding, und Gott mit einem Mordskerl, einem weit entfernten Riesen, der sich in es verliebt hat und ihm winkt und pfeift. Aber das Mädchen hat den Kopf dauernd woanders, schaut lieber sich selbst im Spiegel an oder schielt nach den coolen, aber ziemlich hohlen Typen in seiner nächsten Umgebung und turtelt mit denen. Als sie endlich aufmerkt und sich für ihn zu interessieren beginnt, springt er unverzüglich über alle Berge, hüpft über alle Hügel und schließt sie in seine Arme, und sie muss aufpassen, dass er sie nicht vor lauter Liebe schier erdrückt.

Ich schlage vor, Sie widmen sich die nächsten 24 Stunden dem Nachdenken darüber, ob Ihnen dieser Riese nicht auch schon gelegentlich in Ihrem Leben zugewinkt oder nachgepfiffen hat oder wenigstens zugeblinzelt haben könnte.

14. Tag

Unsere Taubheit für die lautlosen Donner

Heute möchte ich mit einem Text von Martin Buber beginnen:
»Zeichen geschehen uns unablässig, Leben heißt angeredet werden, wir brauchen uns nur zu stellen, nur zu vernehmen. Aber das Wagnis ist uns zu gefährlich, die lautlosen Donner scheinen uns mit Vernichtung zu bedrohen, und wir vervollkommnen von Geschlecht zu Geschlecht den Schutzapparat.«
Wenn Sie wollen, liebe Leserin, lieber Leser, dann meditieren Sie etwas über diese wunderbare Formulierung: »lautlose Donner«: welche Wucht des Leisen! »Es gibt Dinge, die Gott uns nur mit leiser Stimme sagen will«, steht bei Paul Claudel. Aber gerade das sind vielleicht überwältigende, umwerfende Dinge, »lautlose Donner«. Finden Sie nicht auch, dass dieser Satz Martin Bubers eine erhellende Erklärung dafür bieten könnte, weshalb unsere Welt immer lauter wird und die Phasen anscheinend immer kürzer werden, die jemand allein und ruhig und ohne Beschäftigung oder Zerstreuung aushält – ohne nicht wenigstens nach einer SMS zu sehen oder eine solche zu verschicken? »Die lautlosen Donner scheinen uns mit Vernichtung zu bedrohen ...« Da wäre ja vielleicht die Stimme, die uns in Frage stellen, wecken, beunruhigen, herausreißen könnte ...
Der Text von Martin Buber geht noch weiter:
»Nur Augenblicke gibt es, die ihn (den Schutzapparat) durchdringen und die Seele zur Empfänglichkeit aufrühren. Und wenn sich dergleichen uns angetan hat und wir dann aufmerken und uns fragen: ›Was hat sich denn da Besondres ereignet? War es nicht von der Art, wie es mir alle Tage begegnet?‹, so

dürfen wir uns erwidern: ›Freilich, nichts Besondres, so ist es alle Tage, nur wir sind alle Tage nicht da.«

Wo sind wir alle Tage?

Aus eigener Erfahrung kann ich sagen, dass ich meistens entweder in mir selbst versponnen bin oder an Dinge außerhalb meiner selbst »ausgegossen«, wie man früher anschaulich sagte. In beide Richtungen neige ich mich immer wieder zu verlieren: Ich bin besessen entweder von Inhalten in mir oder Phänomenen außer mir und darum nicht Herr meiner selbst; ich entscheide nicht frei, woran ich mich aufmerksam hingeben will, sondern ich werde überflutet von dem, was sich mir aufdrängt wie diese lästigen Werbespots im Internet, die man ständig wegklicken muss. Das reißt mich buchstäblich um; ich verliere den Boden unter den Füßen und treibe nur noch besinnungslos mit. Wenn ich durch die Stadt gehe, habe ich den Eindruck, eine gigantische Maschinerie wolle uns systematisch in den Dauerzustand der Verwirrung versetzen. Kein Wunder, dass es uns immer schwerer fällt, bei uns selbst zu sein.

Versuchen Sie jetzt, liebe Leserin, lieber Leser, drei Minuten lang ruhig zu sein und möglichst nichts zu denken, sondern einfach *da* zu sein. Legen Sie diesen Text beiseite, schauen Sie auf Ihre Uhr, verfolgen Sie drei Minuten lang das Vorrücken des Sekundenzeigers oder das Ticken der Digitalzahlen. Denken Sie an nichts anderes.

Fertig? Ist es Ihnen gelungen, nichts anderes zu denken?

Wenn ja, herzlichen Glückwunsch! Dann sind Sie eine große Ausnahme.

Die Wahrscheinlichkeit ist größer, dass Sie bemerkt haben, wie Ihr Geist ständig entwischt. Er kann keinen Augenblick einfach *da* sein, sondern springt ständig zwischen Vergangenheit und Zukunft hin und her.

Amerikaner haben eine Leidenschaft für Statistiken, und des-

halb haben amerikanische Forscher auch einige interessante Daten über die Anlage und Tätigkeit unseres Gehirns ermittelt (ich frage mich, wie; aber nehmen wir an, dass es stimmt). Sie brachten Folgendes heraus: Der Mensch, der nicht gerade konzentriert auf etwas achtet, hat im Schnitt pro Sekunde *einen* einigermaßen bewussten Gedanken im Kopf. Das wären also 3.600 Gedanken pro wacher Stunde oder 60.000 pro Tag. Das wäre schon genug, aber es kommt noch viel massiver: Unser Geist könne sich – weitgehend unbewusst – immer mit sieben Themen auf einmal abgeben – also simultan mit Geräuschen, Gerüchen, Bildern und Gefühlen wie etwa Freude oder Ärger usw., und er brauche nur 1/18 Sekunde für die Abhandlung eines Themas. Folglich könne unser Gehirn jede Sekunde 126 Informationsdaten registrieren. Das wären 7.560 Daten pro Minute, eine halbe Million pro Stunde. Damit sei die Kapazität unseres Gehirns keineswegs überfordert, sondern es packe das locker weg. Denn die Forscher schätzen, dass das Gehirn des Menschen 100 Milliarden Neuronen, also Nervenzellen, besitze. Jedes dieser Neuronen habe 1000 Anschlüsse, und jeder Anschluss zünde durchschnittlich 200mal pro Sekunde. Das heißt, in unserem Kopf finden regelmäßig pro Sekunde rund 20 Billiarden Rechenvorgänge statt. Sie sehen: Es muss ja geradezu ein Wunder sein, wenn man sich einmal einige Sekunden lang auf nur *eine* Sache konzentrieren kann!
Man sollte meinen, unter diesem unablässigen Geprassel von Informationen müsste unser Geist ungemein vielseitig und kreativ sein. Aber das stimmt nicht. Da scheinen zwar endlos viele Gedanken zu rattern; aber wenn Sie sich einmal hinsetzen und versuchen, sie aufzuschreiben, werden Sie bestenfalls ein, zwei Dutzend Themen herausfinden. Mit rund neunzehn von zwanzig Themen, mit denen Sie heute beschäftigt sind, waren Sie auch schon gestern beschäftigt und werden Sie morgen wieder beschäftigt sein. Trotz Ihres ungeheuren

Denkpotenzials betätigt sich Ihr Geist also weithin bloß mit Wiederholen. Sie haben es sicher schon erlebt, wie Sie ein schweres Problem belastet hat und Sie deshalb nachts kaum schlafen konnten. Stunde um Stunde kreisten Ihre Gedanken darum, und Sie rannten in den immer gleichen Gedankenverläufen wie ein Hamster in seinem Rad. Konstruktives kam dabei überhaupt nicht heraus.

Ich schlage Ihnen vor, dass Sie im Lauf der nächsten 24 Stunden einmal beobachten, wie sich Ihr Geist in der beschriebenen Weise pausenlos beschäftigt. Nehmen Sie sich, wenn möglich, hie und da zwei, drei Minuten Zeit, konzentrieren Sie sich, wie oben beschrieben, auf Ihre Uhr und versuchen Sie, Ihrem Geist zuzuschauen, wie er pausenlos im Hamsterrad rennt.

15. Tag

Vom Filtern der 20 Billiarden Rechenvorgänge pro Minute in unserem Kopf

Gestern war vom Funktionieren unseres Geistes die Rede. Sie haben vielleicht ein wenig weiter beobachtet und zugeschaut, wie das pausenlos rattert. Zu jedem beliebigen Zeitpunkt brodeln in uns die besten und schlechtesten, wichtigsten und belanglosesten Themen: Hellsichtiges und Verworrenes, Großherziges und Kleinkariertes, Liebevolles und Liebloses, Mutiges und Verzagtes, Groll und Dankbarkeit, Frust und Freude. Immer wieder sind das die gleichen Empfindungen, die gleichen Zwänge, die gleichen Sehnsüchte, die gleichen Erinnerungen, die gleichen Wünsche und Träume.

Wenn sich in unserem Kopf tatsächlich pro Minute 20 Billiarden Rechenvorgänge abspielen, besteht eine der wichtigsten Leistungen unseres Gehirns offensichtlich darin, aus ihnen allen die paar wenigen herauszufiltern, die für uns konstruktiv sind, und alle anderen ins Dunkel des Unbewussten abzudrängen. Zum Glück vollbringt das unser Gehirn für den größten Teil von ihnen sozusagen automatisch: Es ist darin ein selbstständiger Profi. Aber es lässt uns mehr als genug Inhalte übrig, mit denen wir selbst zurechtkommen müssen. Wie stellen wir das an?

Durch bewusste Konzentration. In diesem aus dem Lateinischen stammenden Wort steckt das Bild vom Zusammenbündeln (*con*) auf eine einzige Mitte (*centrum*). Man verwendet dafür gelegentlich auch das Fremdwort »fokussieren«: alle Lichtstrahlen mit dem Brennglas auf einen einzigen Punkt lenken, den Brennpunkt (*focus*).

Nun gibt es, soweit ich sehe, grob gesprochen zwei Arten von

Konzentration: eine, bei der man bei sich selbst zu sein vermag, und eine, bei der man sich selbst genommen wird. Bei der letzteren Art ist der Brennpunkt meistens von sich aus ziemlich aktiv und greift nach einem, packt einen: etwa ein aufregendes Fußballspiel, ein spannender Film, eine mitreißende Musik. Man vergisst alles andere und sich selbst und ist davon ganz in Beschlag genommen. Solche Zustände können heilsam sein, zumal wenn man gerade fruchtlos in bestimmten Gedankengängen oder Sorgen verfangen ist und sich die angespannte Psyche von ihnen vorübergehend etwas ausruhen kann. Nach einer solchen Entspannungsphase lassen sich vielleicht die Sorgen mit etwas mehr Distanz oder unter einem neuen Blickwinkel sehen.

Allerdings können diese Zustände auch zum Narkotikum werden: Man flieht dann regelmäßig und immer öfter in sie, um sich von ihnen betäuben zu lassen und seine Probleme vorübergehend zu vergessen. Damit sie ihre Wirkung behalten, müssen sie immer aufregender, ihre Rhythmen immer stampfender, ihr Geräuschpegel immer höher werden.

Hilfreicher dürfte im Allgemeinen die andere Art von Konzentration sein, und jedenfalls führt sie weiter: diejenige, bei der man bei sich selbst zu sein vermag. Auch dabei lenkt man seine Aufmerksamkeit von seinen üblichen Gedankengängen und Sorgen auf einen einzigen bestimmten Gegenstand oder eine Verrichtung ab und bündelt sie ganz darauf. Dieser Gegenstand und diese Verrichtung zeichnen sich meistens dadurch aus, dass sie ziemlich leise und undramatisch sind, den Menschen also von sich aus kaum in Beschlag nehmen, ja gewöhnlich von ihm eher übersehen werden. Vielleicht entsinnen Sie sich an das Bild von Maria, die im Augenblick ihrer einmaligen Inspiration mit Spinnen beschäftigt gewesen sein soll, und wahrscheinlich war sie ganz darauf konzentriert. Ganz entsprechend widmeten sich die kontemplativen Mön-

che aller Zeiten und Religionen immer mit Vorliebe einfachen manuellen Arbeiten, die Wüstenväter etwa dem Flechten von Seilen und Matten, die Zen-Mönche dem Jäten ihrer Gärten und dem sorgfältigen Kehren ihrer Gänge und Höfe.
Im Zen wird diese Konzentration auf einen einzigen einfachen Inhalt dadurch auf die Spitze getrieben, dass man ins Zentrum seiner Aufmerksamkeit ein so genanntes Koan rückt. Das ist ein paradoxer Spruch, der keinen Sinn ergibt, und folglich geht der Inhalt gegen Null und der Übende wird zum inhaltslosen, reinen Bei-sich-Sein und Da-sein hingeführt, zu einer Offenheit schlechthin, bei der der Himmel des Denkens ganz von Gedankenwolken leergefegt ist. Das bedeutet also das Aufhören des pausenlos laufenden wirren inneren Films, die absolute Enthaltung davon, selbst Gedanken und Inhalte produzieren zu wollen.
Ich will Sie, liebe Leserin, lieber Leser, nicht zu dieser Höchstform mentaler Disziplin anleiten – was auch in unserem kurzen Kurs gar nicht möglich wäre, denn sie erfordert gewöhnlich jahre-, ja jahrzehntelanges Üben. Außerdem – das ist meine Überzeugung – zwingt auch sie nicht von sich aus eine »Erleuchtung« herbei.
Mein Vorhaben bleibt bescheidener: Sie zu einer Haltung des Bei-sich-Seins anzuleiten, die Ihnen helfen kann, auf das »nicht Besondre«, das »alle Tage da ist« (Sie erinnern sich an das Zitat von Martin Buber) zu achten, indem Sie selbst dabei »da« sind, statt ständig anderswo. Dann wären Sie jedenfalls sensibler, die »Zeichen« wahrzunehmen, die uns »unablässig geschehen« und deutlicher zu spüren: »Leben heißt angeredet werden.«
Versuchen Sie also bis morgen, bei bestimmten einfachen Verrichtungen *ganz da* zu sein. Dazu wird es hilfreich sein, möglichst einige der Dinge, die Sie gewöhnlich immer simultan dazu tun, auszuschalten, etwa das Radio in der Küche oder im Auto. Tun Sie *eines ganz*.

16. TAG

Wie der Atem unseren Geist vertikutiert

Erfahrene spirituelle Menschen berichten, jeder Augenblick konzentrierter Achtsamkeit auf etwas Elementares durchbreche ein wenig das übliche Konditioniertsein der Gehirnfunktionen des Menschen. Das heißt: Immer, wenn es Ihnen, verehrte Leserin, verehrter Leser, kurz einmal gelingt, ganz bei einer Sache zu sein und sie voll wahrzunehmen, verlassen Sie die eingeschliffenen Rillen, in denen Ihr Denken ständig fruchtlos im Kreis herumläuft. Sie bringen damit also das Hamsterrad, von dem ich schon sprach, zum Stehen. Übrigens wendet dieses Bild schon Bernhard von Clairvaux auf haltlose Menschen an: »In circuitu ambulant« – sie gehen ständig im Kreis, sagt er von ihnen mit dem lateinischen Psalmvers 11,9. Nie kommt da etwas Neues, nie ein Durchbruch. Wenn Sie es stattdessen fertig bringen, gelegentlich mit Ihrem Geist stehen zu bleiben und geradewegs auf das unmittelbar vor Ihren Augen Liegende zu achten und wenn Sie das längere Zeit üben, ist das, als werde der festgetrampelte, vermooste Rasen Ihres Geistes vertikutiert: Er wird aufgelockert und durchlüftet; ganz neue Samen und Keimlinge erhalten eine Chance.

Nicht von ungefähr ist diese spirituelle Disziplin, die die Fähigkeit zu kreativem Denken, zu neuen Perspektiven und Ansätzen fördert, von Wirtschaftlern, Technikern und namentlich Werbefachleuten wiederentdeckt worden. Früher wurden Leute mit unkonventionellen Ideen verbrannt; heute machen sie in der Werbebranche Traumkarrieren.

Als der Engel zu Maria kam und ihr Gottes Absicht offenbarte, heißt es im Lukasevangelium, habe sie zunächst gefragt, wie das denn geschehen solle. Der Engel habe ihr zur Antwort ge-

geben: »Der Heilige Geist wird über dich kommen und die Kraft des Höchsten wird dich überschatten.« Darin steckt nicht nur die Aussage, dass ihr eine Inspiration vom ganz Anderen, Unergründlichen her zuteil werden sollte, sondern auch eine Anregung, wie wir alle unsere Sensibilität und Empfänglichkeit beträchtlich steigern können.

Sie haben vielleicht beobachtet, dass es sehr schwierig ist, so wie ich es Ihnen gestern empfohlen habe, mit Ihrer Konzentration auch nur kurze Zeit ganz bei einer einfachen Verrichtung oder einem bestimmten Gegenstand zu verharren. Unverzüglich entwischen Ihre Gedanken wieder anderswohin, meistens zu Vergangenem oder Künftigem.

Hier nun spielt der »Geist« eine wichtige Rolle. Dazu müssen Sie allerdings wissen, dass dieser Ausdruck eine vielschichtige Bedeutung hat. Der hebräische Begriff »ruach«, von dem er abgeleitet ist, bezeichnet nämlich sowohl den »Geist« als auch den »Atem« und den »Wind« und sieht alle drei Wirklichkeiten in einer einzigen Wirkung verbunden. Unser Atem ist Teil des Windes (das ist leicht einzusehen) und Teil des »Geistes« (was weniger leicht einzusehen, eher vielleicht zu ahnen oder zu spüren ist). Treiben wir keine philosophischen Spekulationen, sondern nehmen wir das ganz praktisch: Sie werden sehen, Ihr Atem beeinflusst ganz entscheidend Ihren Geist.

Setzen Sie sich also bitte ruhig hin und atmen Sie langsam und tief (aber ohne irgendeinen Zwang) aus und dann langsam und tief ein. Wiederholen Sie das ganz ruhig fünfmal (zählen Sie jeweils das Ausatmen) und lesen Sie dann erst hier weiter.

Und jetzt atmen Sie weitere fünfmal ruhig aus und ein, verweilen jedoch jeweils ein klein wenig im Zustand des Ausgeatmet-Habens. Versuchen Sie das besonders angenehme Entspannungsgefühl zu empfinden und zu genießen, das sich dabei einstellt.

Halten Sie aber nichts fest. Lassen Sie den Atem wieder kommen, sobald er das will. Lesen Sie erst dann hier weiter.

Haben Sie gemerkt, wie dieses bewusste Atmen auch Ihren ruhelosen Geist etwas hat zur Ruhe kommen lassen? Wie Sie wenigstens einige Sekunden ganz bei der Sache sein konnten? Bei meiner Anweisung ist Ihnen vielleicht aufgefallen, dass ich zuerst vom Ausatmen, dann vom Einatmen gesprochen habe. Die meisten Menschen würden andersherum anfangen. Das ist typisch für uns aktive, »männliche« Abendländer: Erst wollen wir etwas haben, bevor wir etwas hergeben. Die orientalische Tradition hat die eher empfängliche, »weibliche« Weisheit stärker gewahrt: Man muss leer werden, ehe man etwas wirklich aufnehmen kann. Der scheinbar ganz kleine Unterschied ist beträchtlich und prägt eine ganze Mentalität. – Doch führen wir unsere Übung noch etwas weiter.
Atmen Sie noch einmal in der beschriebenen Weise fünfmal aus, ruhen Sie ein wenig im Ausatmen, und atmen Sie dann ein. Aber achten Sie dieses Mal ganz genau darauf, was in Ihrem Körper vorgeht. Was bewegt sich dabei? Wann geht der Bauch heraus, wann herein? Hebt sich Ihr Brustkorb? Wann? Lesen Sie erst danach hier weiter.

Atmen Sie jetzt wieder fünfmal wie beschrieben. Versuchen Sie dabei zu spüren, wie sich Ihr Lungengewebe weitet, mit Sauerstoff durchspült wird und diesen wieder entlässt. Lesen Sie erst dann weiter.

Haben Sie Lust, noch weiterzumachen? Wenn ja, dann atmen Sie wieder fünfmal aus und ein.
Versuchen Sie dieses Mal, das Wehen Ihrer Atemluft in Ihrer Nasenhöhle zu spüren und zu fühlen, ob deren Temperatur beim Ausatmen anders ist als beim Einatmen. Lesen Sie erst danach hier weiter.

Sie haben vielleicht gespürt, wie entspannend dieses langsame, bewusste Atmen sein kann. Wenn Sie achtsam erfühlen, wie beim Atmen warme Luft herausweht und kühle Luft hereinstreicht, verlangsamt das den Fluss Ihrer Gedanken und Gefühle. Indem Sie Ihren Atem verlangsamen, besänftigen Sie Ihren Geist. So stark hängt Ihr Geist von Ihrem Atem ab.

(Wenn Sie wollen, können Sie die Gegenprobe machen: Hecheln Sie zehnmal kurz und schnell wie ein Hund. Beobachten Sie, wie Sie sich dabei fühlen. Über lange Strecken des Tages gleicht unser Atem eher diesem Hecheln als der ruhigen Atemübung. Wir fühlen uns entsprechend, und unser Geist rattert entsprechend.)

Wenn Sie das jetzt aufmerksam mitvollzogen haben, sind Sie ins Meditieren eingeführt worden. Das war nämlich alles Wesentliche der Meditation, namentlich der so genannten Achtsamkeits-Meditation.

Falls Sie im Lauf der nächsten 24 Stunden Zeit und Lust haben, wiederholen Sie diese Übungsschritte zwischendurch noch ein paar Mal.

17. Tag

Das Durcheinander von Atem, Geist und Gott

Bei der gestrigen Übung haben Sie wahrscheinlich gespürt, dass Ihr Atem und Ihr Geist in einer engen Wechselwirkung miteinander stehen. Das bestätigen übrigens auch die Mediziner: Eine gründliche Versorgung des Körpers mit Sauerstoff dank einer gesunden Atmung wirkt sich auf die Funktionen so gut wie aller Organe vorteilhaft aus. Zudem steigert dies das Wohlbefinden der Psyche. In spiritueller Hinsicht ist der Atem aber noch sehr viel mehr.

Sie erinnern sich vielleicht, dass auf den ersten Seiten der Bibel auf kindlich anschauliche Weise geschildert wird, wie Gott den ersten Menschen aus dem Lehm der Erde modelliert und diesem leblosen Modell schließlich seinen Lebensatem in die Nase bläst. Das ist keine Kindergeschichte. Es müsste sich inzwischen allgemein herumgesprochen haben, dass die Verfasser der Bibel damit nicht ein prähistorisches Ereignis schildern wollten, sondern die Absicht hatten, mit diesem Bild eine Aussage über das Wesen des Menschen zu machen. Es eignet sich dazu ganz hervorragend: Wir leben dank des schöpferischen Atems, des kreativen Geistes des Schöpfers. Ohne ihn sind wir tot. »Nimmst du uns deinen Atem weg, dann schwinden wir hin und kehren zurück zum Staub der Erde«, heißt es im 104. Psalm. Das ist genau so, wie die komplexe Welt des Computerbildschirms jäh erlischt, sobald jemand den Stecker zieht. Ich muss immer an diesen Stecker denken, wenn ich irgendwo von der Vorstellung lese – der man neuerdings öfter begegnet –, der Mensch sei seiner Substanz nach »göttlich«: welche törichte Illusion über sich selbst! Zieh den Stecker und sieh zu, was bleibt!

Keine Angst, es geht mir jetzt nicht um pessimistische Betrachtungen über die Vergänglichkeit von uns Menschen, sondern ganz im Gegenteil um unsere Vitalität: In unserer Lebenskraft steckt mehr als wir selbst, denn nach der Vorstellung der jüdisch-christlichen Tradition atmet in uns Gott selbst mit seinem Atem. Ja, im Sprachgebrauch der Bibel werden Atem, Geist und Gott ständig durcheinandergebracht oder, positiver gesagt: mit- und ineinander genannt.

Vielleicht, liebe Leserin, lieber Leser, kommt Ihnen das etwas wirr vor. Man kann diese Vorstellung tatsächlich nur schwer analytisch zerlegen und systematisch »auf die Reihe kriegen«. Aber vielleicht versuchen Sie einmal, sich an das damit Gemeinte intuitiv, meditativ heranzutasten.

Das Bild vom Schöpfer, der seinem Geschöpf den Lebensodem in die Nase haucht, will unter anderem besagen, dass der Mensch dank dieser Beatmung und Beziehung lebt und spirituell nur wirklich lebt, solange diese Beziehung lebendig ist – ob bewusst oder unbewusst. Erinnern Sie sich an das Zitat: »Nur *du*-sagend werde ich *ich*«? Wir könnten es jetzt abwandeln in: »Nur *du*-atmend werde ich *ich*.«

Natürlich ist es meditativen Geistern aufgefallen, dass der Vorgang, jemandem seinen Atem einzuhauchen, zum Verwechseln einem Kuss gleicht. Darum haben viele Mystiker nicht gezögert, zu sagen, wir verdankten unser Leben einem Kuss Gottes. Ja, beim so genannten »Heiligen Geist«, dem geheimnisvollen »Zwischen« zwischen Vater und Sohn in der christlichen Gottesvorstellung, handle es sich um den ewigen Kuss-Hauch zwischen Vater und Sohn. Das mag Ihnen vielleicht zu überspannt vorkommen, und darum will ich das nicht weiter verfolgen. Bedenken Sie jedoch, dass wir uns damit in einer Symbolsprache bewegen, die unanschauliche Wirklichkeiten stammelnd in Bilder zu übersetzen versucht. Diese Bilder vermögen ein Stück realer Erfahrungswirklichkeit zu fassen und zu erschließen, die exakt begrifflich zu definieren nicht möglich ist. Aber nicht nur das begrifflich Fassbare ist wirklich; die Wirklichkeit hat viele Dimensionen.

Bleiben wir beim einfacheren Bild: Wir leben als Atem Gottes. Übrigens teilt diese Vorstellung der Hinduismus mit dem Juden- und Christentum. Dort spielt der Begriff *Atman* eine zentrale Rolle, der aus der gleichen indoeuropäischen Wurzel abgeleitet ist wie unser »Atem.« *Atman* sei das wahre, göttliche Selbst des Menschen.

Bei der Erfahrung unseres Atmens rühren wir also an das Geheimnis unserer menschlichen Natur, die nicht in sich geschlossen ist, sondern wie ihr Atemhauch sich ständig hergibt und empfängt, sich austauscht und vermengt mit der größeren Wirklichkeit.

Der alte Gottesname JAHWE soll ursprünglich ein Hauch-Name gewesen sein: Man tastete sich an diese Wirklichkeit heran, indem man ausatmend – Sie erinnern sich: zuerst leer werden! – JAH sprach, dann einatmend WE.

Wenn es Ihnen schwer fällt, mit dem Ausatmen zu beginnen, sind Sie damit nicht allein: Dann gehören Sie wahrscheinlich zu den vielen ausgesprochenen »Einatmern«, die – umgekehrt wie die »Ausatmer« – den Zweierrhythmus immer spontan mit dem Einatmen anfangen. Beginnen Sie in dem Fall einfach beim Einatmen mit WE und sprechen Sie dann beim Ausatmen JAH, und Sie sind im Rhythmus drin. Oder verwenden Sie den Namen, wie er Ihnen liegt. Hier gibt es keine starren, absoluten Regeln.

Ich empfehle Ihnen diese Übung für die nächsten 24 Stunden: Wo immer Sie sind, wann immer es Ihnen einfällt, atmen Sie einige Male bewusst JAH-WE und bewegen Sie sich in dieser Wirklichkeit.

Wenn Sie wollen, können Sie (aber am besten nur einmal) ein Experiment machen: Erfühlen Sie, was emotional in Ihnen vorgeht, wenn Sie diesen Hauch-Namen JAH-WE mehrmals vor sich hin sprechen und dann auf einmal durch unseren zackigen Begriff GOTT ersetzen. Dann können Sie wahrscheinlich mühelos nachempfinden, was da in der Geschichte der Spiritualität schon vor Jahrhunderten passiert ist.

18. TAG

Vom Tempel des Heiligen Atems und der Atem-Lesung

Gestern hatte ich Ihnen die Übung ans Herz gelegt, einige Minuten bewusst Ihren Atem mit dem alten Gottesnamen JAH-WE zu verbinden. Was darin steckt, hat man noch lange nicht ausgekostet, wenn man dies während eines einzigen Tages ein paar Mal gemacht hat. Das Beste wäre es, damit sein ganzes Leben lang nicht mehr aufzuhören: immer JAH-WE zu atmen, bewusst und unbewusst, um immer tiefer von dieser Wirklichkeit erfasst zu werden, von der Paulus zu den skeptischen Intellektuellen auf dem Athener Areopag sagte: »In ihr leben wir, bewegen wir uns und sind wir.«

Ist Ihnen bewusst, dass wir mit dem heutigen Tag bereits das dritte Viertel unseres Kurses abschließen? Sie denken vielleicht, es wäre an der Zeit, dass ich Ihnen allmählich genauer definiere, was ich mit »JAHWE« und »Gott« meine.

Ich werde mich hüten, das zu tun. Es geht nicht um Definitionen, sondern um das Erspüren einer Wirklichkeit, die sich nicht definieren, sondern lediglich – und am besten – in Bildern umschreiben und in der eigenen Lebensgeschichte ahnen lässt.

Wenn man auf diesem Weg weiter vordringt, vergehen sogar die Bilder. Der Mystiker Johannes vom Kreuz sagt einmal, er sei fasziniert vom »Ich weiß nicht was«. Dieses »Ich weiß nicht was« verfügt über seine ganz eigene Qualität von Wirklichkeit und Gewissheit. Sie ist umso größer und glaubwürdiger, je weiter sie alles Begreifen und Definieren übersteigt. Denn gerade daran zeigt sich, dass sie nicht nur unsere eigene Erfindung ist. Es ist ihr eigentümlich, sie nicht nur auf den Ebenen des Physikalischen oder Biologischen anzusprechen (Sie erinnern sich an den »Badewannen-Tag«?), sondern sie funkt in Ihre spannende Geschichte als lebendiger, wacher Mensch hinein. Diese Signale allerdings kann, wie ich Ihnen schon sagte, kein Kurs herbeiführen; dieser kann nur helfen, für sie sensibler zu werden.

Erspüren Sie diese Wirklichkeit mit Ihrem Atem, diesem Ur-Rhythmus, der Sie im Leben hält. Verbinden Sie, wenn es Ihnen hilft, damit das Hauchen von JAH und WE.

Das griechische »The-os«, mit einem weichen th gesprochen, verfügt noch fast über die gleiche Qualität; das lateinische »De-us« wird schon härter, das deutsche einsilbige »Gott« ist unbrauchbar: da ist der Atem erloschen. Kein Wunder, dass man deshalb in der christlichen Tradition mit Vorliebe den Namen JE-SUS, verwendete. Das so genannte »Jesusgebet« ist die uralte Meditationsform der Wüstenmönche des 4. und 5. Jahrhunderts. Bei Johannes Klimakus, einem Autor, der im 7. Jahrhundert ihre Methode beschrieben hat, ist zu lesen: »Dem Gedenken an Jesus sei dein Atmen verbunden. Dann wirst du den Nutzen der Ruhe (in Gott) erkennen.« Vor ihm, schon im 5. Jahrhundert, versprach Diadochus von Photike sogar: »Alle, die sich in der Tiefe ihres Herzens ohne Unterlass mit dem Namen unseres Herrn Jesus beschäftigen, können einmal das Licht des Geistes schauen.«

Erinnern Sie sich noch einmal daran, dass in der Vorstellung der biblischen Autoren »Wind«, »Atem« und »Geist« unauflöslich ineinander verwoben und die Begriffe austauschbar sind. Es ist interessant, einmal im Neuen Testament zu blättern, in diesem Fall vorwiegend in den Briefen, und an allen Stellen, wo vom »Heiligen Geist« die Rede ist, diesen Begriff mit »Atem« zu ersetzen. Das kann einem ganz neue Dimensionen eröffnen. Falls Sie eine Bibel haben, möchte ich Sie anregen, das zu tun. Einige Beispiele will ich Ihnen auf jeden Fall hier nennen.

Eine Stelle bei Paulus in seinem 2. Brief an die Korinther würde sich dann so anhören: »Der Herr (Jesus Christus) ist der Atem, und wo der Atem des Herrn wirkt, da ist Freiheit.« Erspüren Sie den Sinn, die Wahrheit dieses Satzes, indem Sie einige Zeit ruhig und tief atmen.

Oder in den Abschiedsreden Jesu im Johannesevangelium würde versprochen: »Wenn jener kommt, der Atem der Wahrheit, wird er euch in die ganze Wahrheit führen. Denn er wird nicht aus sich selbst heraus reden, sondern er wird sagen, was er hört.«

Tatsächlich schildert Johannes dann gegen Ende seines Evangeliums, wie der auferstandene Jesus seinen Jüngern erscheint, sie anhaucht und zu ihnen sagt: »Empfangt den Heiligen Atem.«

Im Brief an die Epheser wird das Thema aufgegriffen: »Durch Christus haben wir in dem einen Atem Zugang zum Vater ... und im Atem werdet ihr zu einer Wohnung Gottes erbaut.« Denn, so heißt es im 1. Brief an die Korinther: »Wisst ihr nicht, dass euer Leib ein Tempel des Heiligen Atems ist, der in euch wohnt und den ihr von Gott habt?«

Erinnern Sie sich noch an die Geschichte von Maria, die erfuhr, sie sei ab jetzt die »Bundeslade«, der Schrein Gottes?

Nehmen wir dazu noch in unserer neuen Lesart das Wort Jesu an die Samariterin im Johannesevangelium: »Glaube mir, Frau, die Stunde kommt, zu der ihr weder auf diesem Berg noch in Jerusalem den Vater anbeten werdet. Die Stunde kommt, und sie ist schon da, zu der die wahren Beter den Vater anbeten werden im Atem und in der Wahrheit ... Gott ist Atem, und alle, die ihn anbeten, müssen im Atem und in der Wahrheit anbeten.«

Verweilen Sie bei diesen Sätzen, liebe Leserin, lieber Leser; atmen Sie ruhig und tief ein und aus und wiederholen Sie sich dabei mehrmals den einen oder anderen davon.

Ich überlasse es Ihnen, noch weitere solcher Stellen aufzusuchen, Ihre Entdeckungen zu machen und diese ruhig atmend einige Zeit auf sich wirken zu lassen.
Wenn Sie das tun, fangen Sie eine zweite wichtige Form des Meditierens an, wie sie in der christlichen Tradition von frühester Zeit an praktiziert wurde: die so genannte »geistliche Lesung« oder, wie wir jetzt neu formulieren könnten, die »Atem-Lesung«. Sie ist das gerade Gegenteil dessen, was wir heute im Übermaß praktizieren: das Verarbeiten von »Informationen«, das Abspeichern einer unfassbaren Menge von Daten, die im Computer bleiben und unsere Seele nicht erreichen.
Ist bei der Datenverarbeitung atemberaubende Geschwindigkeit angesagt, so geht es bei der »Atem-Lesung« darum, ganz langsam zu werden und sich mit möglichst wenig Daten möglichst lange zu beschäftigen. Diese Umstellung fällt uns hektischen Datenverarbeitern immer schwerer.
Gestern haben Sie das versucht, falls Sie einige Zeit das einzige Wort »JAH-WE« atmend »verarbeitet« und vielleicht andeutungsweise erahnt haben, was alles darin steckt und wie das Ihre Seele nähren und Ihr ganzes Lebensgefühl verändern könnte. Es gibt viele andere Worte und Sätze, die Stoff für einen ganzen Tag oder mehrere Tage und Wochen bieten könnten: Worte der Bibel, Worte weiser, erfahrener Menschen. Der Gehalt dieser Worte entgeht uns, wenn wir sie nur überlesen, also nur kurz mit unserem Verstand registrieren, um dann gleich weitere Worte unverdaut zu verschlingen.
Die Mönche des Mittelalters sprachen davon, man müsse einen gewissen Fundus an nährenden Worten ständig »wiederkäuen«: sie wie eine Kuh aus dem Pansen, in dem man sie gesammelt hat, wieder in den Mundraum hervorholen, in Ruhe wie einen Kaugummi lange durchkauen und sie schließlich irgendwann im Labmagen endgültig versenken.

Sie werden eher das Erlebnis kennen, wie man beim Zeitungslesen bemüht ist, in der dafür verfügbaren knappen Zeit möglichst viele Texte und Bilder zu verschlingen. Bei der »Atem-Lesung« dagegen sollten Sie Ihren Ehrgeiz ganz im Gegenteil darauf verwenden, möglichst wenig Text zu brauchen.
Lesen Sie mit innerer Achtsamkeit etwas Geeignetes, und sobald Sie spüren: da spricht mich ein Gedanke an, da bewegt mich ein Bild, halten Sie an, verweilen Sie atmend dabei, gehen Sie darauf ein und genießen Sie es, solange es irgend geht. Dieses Anhalten und Verweilen bedarf der Disziplin und Übung, aber es lohnt die Mühe, denn dann nähren Sie spürbar Ihre Seele und merken, wie gut Ihnen das tut. Setzen Sie Ihren Ehrgeiz darein, mit einem Minimum an Text oder Bildern auszukommen.
Wenn Sie wollen, verweilen Sie in den nächsten 24 Stunden noch einmal immer wieder zwischendurch beim Wort JAHWE (Sie können das auch an der Haltestelle oder Ampel oder beim Anstehen an der Ladenkasse oder auf der Rolltreppe tun). Oder Sie verweilen bei einem der oben zitierten Worte oder sonst einem Wort, das Sie besonders anspricht.

19. Tag

Warnung vor dem Bibellesen

Sie haben gemerkt, verehrte Leserin, verehrter Leser, dass ich angefangen habe, in Ihr – hoffentlich wohltuendes – Atmen *Worte* einzuschleusen. Das liegt nicht nur an meinem Schriftsteller-Beruf (der mich verleitet, nein: zwingt, vom Worte-Formulieren zu leben), sondern auch an meiner Überzeugung, dass wir Menschen unvermeidlich auf Worte angewiesen sind, auf Sprache, auf Dialog. Sie erinnern sich vielleicht noch, was ich vor etlichen Tagen über das wohltuende Schweigen sagte: in welchen Illusionen man sich damit wiegen kann. Was in uns vorgeht, will und muss ausformuliert und mitgeteilt, ausgetauscht, in Frage gestellt, bestätigt, kritisiert und korrigiert werden. Atem muss Wort werden, Wort muss Fleisch, konkrete Tat, werden.

An einer bemerkenswerten Stelle im Neuen Testament, im Brief an die Hebräer, heißt es, das Wort sei »lebendig, kraftvoll und schärfer als jedes zweischneidige Schwert; es dringt durch bis zur Scheidung von Seele und Geist, von Gelenk und Mark; es richtet über die Regungen und Gedanken des Herzens.«

Formulieren Sie ein Gefühl, das Sie haben, in Worte und sprechen Sie diese laut vor sich hin, vielleicht ein paar Mal; hören Sie dieser Aussage nach, und Sie werden merken, ob sie überzeugend klingt oder plötzlich eher ziemlich hohl oder merkwürdig. Schildern Sie Ihr Gefühl einem einigermaßen vernünftigen Mitmenschen, und Sie werden an seiner Reaktion merken, ob es Zeit wird, wieder etwas mehr auf den Boden zu kommen.

Aber die Gegenbewegung ist genauso wichtig: Fleisch muss Wort werden, Wort muss Atem werden. Einfacher gesagt: Ihr

Schweigen braucht regelmäßig einen qualifizierten Input, den Sie bewusst wählen und regulieren müssen. Wenn Sie das nicht tun, erhalten Sie unmerklich einen verworrenen Input und verlieren völlig die Übersicht, mit was allem Sie gespeist und infiziert werden.

Der wesentliche Prozess in Ihnen spielt sich jenseits aller Worte ab. Ein alter lateinischer Spruch lautet: »VERBO crescente verba deficiunt«, »Wenn das WORT in Ihnen wächst, lassen die Wörter nach«. Das Wesentliche, den Kern können Sie nicht »machen«, nicht beeinflussen; das habe ich schon oft genug gesagt. Aber für die Gestaltung der unmittelbaren Schale um den Kern, für die sprachliche und praktische Fassung und Ausmünzung dessen, was wortlos in Ihnen vorgeht und unbedingt Wort und Sprache und Tat werden will – dafür sind Sie zuständig, ja verantwortlich. Selbst das Wort »JAHWE« bleibt Schall und Rauch, form- und inhaltslos, wenn Sie nicht den Kontext dieses Wortes, also die mit diesem Wort verbundenen Geschichten und Erfahrungen kennen, die andere bereits damit gemacht haben.

Man kann sich mit einem Atem-Wort, mit dem man fleißig wie mit einem Mantra übt und das man nicht immer wieder bewusst und bedacht mit Inhalt füllt, regelrecht einlullen. Dann wirkt es wie ein Tranquilizer, nicht wie ein belebendes Stimulans. Es blockiert Inspirationen ab, statt für sie sensibel zu machen, wirkt dann also genau wie die Werbe-Mantren, die uns pausenlos vorgesprochen werden.

Eigentlich würde ich Ihnen deshalb ganz gern empfehlen, sich regelmäßig die Bibel vorzunehmen und genauer den Kontext kennen zu lernen, aus dem die jüdisch-christliche Glaubenserfahrung erwachsen ist, in deren Rahmen sich mein Advents-Kurs bewegt. Aber das ist gar nicht so einfach! Ich warne Sie lieber davor. Mir fehlt die Einfalt der Leute, die sagen: »Lies die Bibel, und die Bibel – als Gottes direktes Wort – wird dich alles lehren.« Das tut sie nämlich nicht. Meistens passiert es, dass jede und jeder das hinein- und wieder herausliest, was in ihr oder sein vorgefasstes Schema oder in das System der jeweiligen Konfession oder Sekte passt. Die Bibel ist nicht das zeitlose Diktat eines zeitlosen Gottes an zeitlose Menschen, sondern ein riesiges Archiv von Ausformulierungsversuchen konkreter Menschen davon, was sie von der unsagbaren Wirklichkeit Gottes erfahren und wie sie darüber gedacht haben. Ich bin überzeugt, dass sie dabei tatsächlich immer wieder an diese Wirklichkeit gerührt haben, ja von ihr beauftragt und gesandt wurden. Darum, so glaube ich, weht in der Bibel mehr als das, was die Worte sagen. Es weht der Atem Gottes darin. Aber die Worte, in die er gefasst ist, sind zeitbedingt, beschränkt, von der jeweiligen Kultur (und ihren Wunschvorstellungen) gefärbt.

In dieser Sammlung zwei- bis dreitausend Jahre alter Texte ist ein gewaltiger Entwicklungsprozess abzulesen: von sehr primitiven Gottesvorstellungen bis zu ganz sublimen. Wenn Sie an die primitiven geraten, legen Sie das Buch womöglich empört und angewidert weg, etwa, wenn Sie die Stellen lesen, wo der Allmächtige befiehlt, ein Land zu besetzen und gnadenlos eine komplette ethnische Säuberung durchzuführen.

Sie müssen also, wenn Sie sich mit der Bibel befassen, mit Ihrem Atem den darin wehenden Atem erspüren. Ihr Atem ist zeitbedingt, ist beeinflusst von Ihrer eigenen Lebensgeschichte und Erfahrung, und den Atem der Bibel finden Sie auch nur hinter zeitbedingten Wörtern. Erwarten Sie also ja keine zeitlosen Lehrsätze! Aber Hinweise auf eine zeitlose Wirklichkeit, Atem, Inspirationen für Ihr Hier und Heute – das alles können Sie dabei erwarten. Das ist einmalig, und das ist spannend. Lesen Sie die Bibel also immer atmend. Sonst verstehen Sie nichts. Die Bibel will mit dem Atem gelesen werden, mit dem sie geschrieben ist.

Ich gebe Ihnen als Anregung für die nächsten 24 Stunden also nicht mit, die Bibel zu lesen, sondern stelle Ihnen die Aufgabe, sich das merkwürdige, widersprüchliche Phänomen durch den Kopf gehen zu lassen, dass wir immer bloß mit unserer eigenen Brille wahrnehmen und uns alles so zurechtlegen, wie es in unser Schema passt; dass wir immer nur hören, was wir hören wollen, und immer nur sehen, was wir sehen wollen, und wie vertrackt und schwierig es ist, aus diesem Zirkelschluss auszubrechen und wirklich etwas ganz Anderes (oder einen ganz Anderen) zu entdecken, statt am Schluss doch immer wieder nur uns selbst auf den Leim zu gehen.

Was bleibt uns übrig? Das aufmerksame Atmen und Achtsam-Sein auf die Wirklichkeit hinter den Worten und Wörtern.

20. Tag

Eine praktische unspirituelle Übung, um spiritueller zu werden

In den letzten Tagen ging es um unseren Atem, unsere Psyche, den Geist und Gott und das Wort, also um ziemlich subtile Themen. Es wird Zeit, dass wir wieder praktischer werden. Wenn man sich nicht dauernd selbst auf den Leim gehen will – das war zuletzt unser Problem –, ist es das Beste, sich in die Bereitschaft einzuüben, sich selbst genommen zu werden. Am erfolgreichsten lässt sich das nicht auf einem Meditationssitz unternehmen, sondern im ganz normalen Alltag.

Besonders ideale Übungsbedingungen verschafft einem das Leben mit kleinen Kindern. Haben Sie das schon einmal ins Auge gefasst: das Leben mit Kindern als spirituelle Intensivübung? Den Rhythmus, den Anspruch und Über-Anspruch der eigenen Kinder einfach einmal *sein* lassen im Doppelsinn des Wortes: versuchen, nicht genervt zu sein, weil sie einen wieder gerade von etwas abhalten, was man *eigentlich* tun wollte, sollte und müsste (womöglich endlich einmal etwas »für die eigene Seele«), sondern für sie *da* sein und sich dem Zug einer ganz anderen (kleinen, aber wirklichen) Persönlichkeit und Lebenswelt überlassen, dem völlig anderen Wert- und Zeitgefühl eines anderen Wesens? Dabei spüren – falls es einem gelingt, sich dahinein loszulassen –, wie sich in einem etwas entkrampft und man kurz einmal *da* sein kann, und wie das gut tut und eigentlich fast zu einer Art Meditation werden kann? Opas und Mütter lernen es von ihren Kleinkindern wieder, staunend zehn Minuten dem Krabbeln und den Flugversuchen eines kleinen Marienkäfers zuzuschauen, an dem sie, wenn sie allein gewesen wären, achtlos vorbeigehastet wären, hinter etwas »Wichtigem« her. Da wird ihnen eine Initiation in »Achtsamkeit« geboten, über die ein Buch ums andere geschrieben wird und doch nicht viel hilft.

Ich bin realistisch genug, um einzusehen, dass man diese Übung nicht allzu oft und allzu lange machen kann, denn abgesehen davon, dass man seine Kinder durch pausenlose Zuwendung und Verfügbarkeit hoffnungslos verziehen würde, hält einen schließlich nicht bloß der Eigen-Wille davon ab, sondern es sind auch tausend objektive Pflichten und Erledigungen, die ihre Forderungen gnadenlos erheben und einen so auf Trab halten, dass jeder Tag zu kurz ist. Aber ich hoffe, Sie sehen, was ich meine.

Ein Großteil unseres Stresses ergibt sich daraus, dass wir mit dem hadern, was sich sowieso nicht ändern lässt. Das reibt uns wund, macht uns mürbe und krank. Würden wir uns darauf öfter pragmatisch einlassen und nüchtern und entkrampft sagen: »So ist es, und das ist halt jetzt meine Aufgabe, und da bin ich jetzt voll dabei. Punkt«, so könnte das nicht nur unser Magengeschwür oder unseren Herzinfarkt um Jahre hinausschieben, sondern auch der Auftakt für ein wacheres, spirituelleres Leben sein.

Das würde nämlich die Eigen-Programmierung unserer Psyche etwas durchlöchern und uns sensibler und disponibler für das werden lassen, was wir von uns aus weder wünschen noch wollen noch uns ausdenken. Der Ur-Typus dafür war – Sie entsinnen sich vielleicht noch – die Gestalt des Josef mit seinen Träumen, die ihn immer aus allem herausrissen. Übrigens ging es da auch dauernd direkt um Familienstress.

Für den Fall, dass Sie keine kleinen Kinder (mehr) haben, eignen sich auch die größeren oder die Erwachsenen in Ihrer unmittelbaren Umgebung gut zum Üben. Für mich war das Leben mit zwei Pubertierenden eine ungemein gute Schule. Da wird man nicht nur beansprucht, sondern auch immer wieder in seiner persönlichen Glaubwürdigkeit auf den Kopf zu in Frage gestellt, was einem einige Illusionen über sich selbst austreibt. Wenn man die Evangelien liest, hat man den Eindruck, dass Jesus durch die Gegend wanderte und den Leuten die Frage stellte: »Was willst du, dass ich für dich tun soll?« Stellen Sie sich vor, Sie würden einmal einen Tag lang mit dieser Frage auf alle zugehen, denen Sie begegnen (das ist die Anregung, die ich Ihnen für die nächsten 24 Stunden gebe). Sie wären wahrscheinlich schon mit dem/der ersten oder zweiten so beschäftigt, dass Sie den Rest des Tages nichts anderes mehr zu tun brauchten. Jesus hatte es da natürlich leichter: der hatte schließlich keine Familie und keinen Job und folglich nichts anderes zu tun. Außerdem gab es zu seiner Zeit noch keine Uhren. Konsequent in die Praxis umsetzen können Sie das also nicht: Erstens wären Sie damit völlig überfordert, zweitens würden Sie dabei bald gnadenlos ausgenützt, und drittens würden Sie womöglich in die Pose des penetranten Welterlösers geraten und bald allen auf den Wecker gehen.

Trotzdem lege ich Ihnen ans Herz, der Reihe nach auf alle Menschen, denen Sie in den nächsten Stunden begegnen, mit der Frage zuzugehen: »Was willst du, dass ich für dich tun soll?« Stellen Sie sie nicht laut, sondern in Ihren Gedanken, und versuchen Sie in Ihrem Inneren die Antwort zu hören.

Bei vielen der Befragten hören Sie wahrscheinlich: »Überhaupt nichts. Lass mich in Ruhe!« Auch das kann ganz aufschlussreich und vielleicht heilsam für Sie sein. Bei etlichen hören Sie wahrscheinlich mehr. Legen Sie nicht gleich praktisch los, sondern lassen Sie sich das alles ziemlich lang und gründlich durch den Kopf gehen. Es könnte Ihnen ungeahnte Wege eröffnen. Bei einem davon merken Sie vielleicht (morgen oder erst in einer Woche), dass Sie tatsächlich zur Tat – oder zunächst einmal mindestens zum Wort – schreiten sollten. Da könnte dann vielleicht schon ein Abenteuer mit unabsehbaren Folgen beginnen.

21. Tag

Warum man alle spirituellen Meister umbringen muss

Unser spiritueller Abenteuer-Kurs geht nur noch vier Tage. Vielleicht erwarten Sie immer ungeduldiger, dass ich Ihnen endlich genauer dieses Abenteuer schildere. Da warten Sie vergeblich. Ich werde es nämlich bis zum Schluss nicht tun. Der Grund ist ganz einfach: Ich weiß gar nicht, welches Abenteuer Ihnen blüht. Das ist nämlich Ihre ganz persönliche Sache, und da mische ich mich nicht ein.

In den Adventsgeschichten gibt es eine Figur, die ich Ihnen zu diesem Thema noch vorstellen möchte: Johannes den Täufer. Johannes war ein Bußprediger, der den Leuten Standpauken hielt und sie zur Änderung ihres Lebens aufrief. Zum Zeichen dafür, dass sie mit ihrem bisherigen Lebensstil versinken und dann mit einer neuen Lebensart wieder auftauchen sollten, drückte er ihnen wahrscheinlich nicht ohne eine gewisse Grobheit in einem Fluss den Kopf unter Wasser und ließ sie erst wieder los, wenn sie zappelnd kurz vor dem Ersticken waren und dringend nach Luft (Atem, Geist!) schnappen mussten.

Es heißt, viele seien beeindruckt gewesen und hätten sich von Johannes das antun lassen.

In den Evangelien wird dieser Johannes als »Vorläufer« vorgestellt: als einer, der dazu aufrief, sich bereit zu halten. So ungestüm er war, man kann es ihm nicht hoch genug anrechnen, dass er ausdrücklich von sich sagte, er taufe nur mit Wasser, und die Leute unverzüglich wieder fortschickte. Er sagte ihnen, erst nach ihm werde einer kommen, der mit Geist taufe (denken Sie wieder daran: Geist gleich Atem gleich »Gott«!).

Der, auf den er von sich weg weiterverwies, verwandelte dann sogar das alltägliche Wasser in *Wein*. Kennen Sie die Erzählung von Kana, womit der andere Johannes, der Evangelist, das symbolisch großartig auf den Punkt brachte (nachzulesen im Johannesevangelium, 2. Kapitel)? Und nicht zufällig Maria, diese ungemein Sensible, Empfängliche, den geist-reichen Anstoß zu diesem Wunder geben ließ? Da ließ Jesus das normale Spülwasser (es war zum Füßewaschen vorgesehen) zur Spirituose werden, zum »Geist«-haltigen Medium, und das ist es für solche, die den Geist wehen spüren und atmen können, bis heute.

Johannes sagte weiter, er selbst müsse abnehmen, derjenige dagegen, auf den er vorbereite, müsse zunehmen. Er konnte und wollte inhaltlich nichts bringen, sondern nur den Boden bereiten.

In dieser Verfassung des Johannes sind wir alle füreinander: Wir taufen alle nur mit Wasser und versuchen einander so zu helfen, dass der Geist über uns kommt, die Inspiration, die uns mit etwas substanziell Neuem schwanger macht.

Das, womit eine Frau schwanger ist, kann sie nicht an eine andere weitergeben; jede muss schon zusehen, dass sie für sich schwanger wird. Spirituelle Leihmutter- (oder -vater-) schaft gibt es noch nicht. Was wir tun können, ist, unsere Erfahrungen über den Wunsch nach Schwangerschaft oder über das Schwangersein auszutauschen.

Der Anspruch, dass jeder Mensch für sich aufbrechen müsse, unterscheidet übrigens den abendländischen Geist radikal von dem des Orients. Östliche Gurus verlangen, dass man ihnen »den freien Willen abgebe«, und sagen einem, wo man auf dem Pfad sei, wer man sei und was man jetzt und danach zu tun habe. Sie führen zu einem Bewusstseinszustand hin, den sie kennen. Im Abendland dagegen wird man, getrieben von der Sehnsucht nach etwas, das noch keines Menschen Auge erblickt hat, auf seinen ganz persönlichen, einmaligen Lebensweg geschickt.

Das ist der Grund, weshalb die jüdisch-christliche Tradition keine »Meister« im strengen Sinn kennt. Sie zieht keine Trennungslinie zwischen »Erleuchteten« und »Unerleuchteten«, eindeutig Gläubigen und eindeutig Ungläubigen, wie das in der modernen Meditationsszene und auch in manchen christlichen Kreisen gang und gäbe ist. Sie kennt nur Weggefährten, Kameraden beim Abenteuer, die sich alle miteinander durch Licht und Dunkel kämpfen, durch Gewissheiten und Zweifel. Darunter gibt es solche, die schon länger unterwegs sind und deshalb schon etwas mehr Erfahrung mit den Freuden und Strapazen, den Irrwegen und Sackgassen haben. Sie können Anfängern den einen oder anderen hilfreichen Tipp geben, aber sie kochen auch nur mit Wasser.

Jesus schärfte seinen Jüngern ausdrücklich ein, sich ja nicht den Titel oder Nimbus eines »Meisters« zuzulegen. Ja, er sagte ihnen, auch er selbst müsse unbedingt verschwinden, damit sie der Atem-Geist in alle Wahrheit einführen könne. Als ihn Maria Magdalena am Ostermorgen am liebsten festgehalten oder wenigstens berührt hätte, bat er sie: »Halte mich nicht fest. Ich muss gehen.« Er wollte, dass sie weitergehe auf ihrem Abenteuer-Weg, selbstständig.

Im strengen Buddhismus sagte man übrigens noch radikaler als Johannes der Täufer oder Jesus: »Wenn du einem Buddha (einem »Erleuchteten«) begegnest, töte ihn!«

Diejenigen, die ihren »Buddha« nicht zu »töten« gewillt sind, hängen lieber sein Foto in ihrer privaten Meditationsecke auf (und betonen, anthropomorphe Gottes- und Christusbilder abzulehnen). Hat ein solcher hoch gehängter »Meister« einen gewissen Nimbus erreicht, so kann er die größten Plattitüden von sich geben, seine Anhänger werden immer ehrfürchtig abgrundtiefe Weisheiten herauswittern. Wer es so weit gebracht

hat, hat es karrieremäßig definitiv geschafft. Er ist auf der Winner-Seite und in der Hinsicht tatsächlich ein Meister.
Ich möchte Sie ausdrücklich warnen, verehrte Leserin, verehrter Leser, sich auf eine solche Gestalt einzulassen, die Sie auf ihr eigenes Abenteuer mitnimmt, statt Ihnen Ihren ur-eigenen Weg zuzutrauen und zuzumuten. Bleiben Sie nicht infantil abhängig und hörig, sondern holen Sie sich Ihre Anregungen als reifer, erwachsener Mensch, der niemandem zu Füßen sitzt, sondern auf gleicher Augenhöhe Kontakt und Gemeinschaft sucht.
Oft reicht es zur Entmythologisierung schon, ein bisschen genauer hinzusehen, was ein »Meister« eigentlich nach Feierabend so alles macht, wenn er nicht im Kreis andächtiger Schüler/innen im Grund oder Göttlichen oder Nirwana ruht. Das wird ja nicht allen Ernstes seine einzige Beschäftigung sein. Oder Sie fragen sich gründlich, warum Sie einen bestimmten Meister unbedingt brauchen. Und überlegen Sie sich auch, warum er Sie braucht.
Also: Unser spiritueller Abenteuer-Kurs geht nur noch vier Tage und wir wissen immer noch nicht, wohin das Abenteuer läuft. Das haben echte Abenteuer grundsätzlich an sich.
Vielleicht jedoch hat sich in Ihnen im Lauf der letzten 20 Tage doch schon einiges bemerkbar gemacht und Sie sind schon auf dem Weg, ohne es noch recht gemerkt zu haben.
Ich schlage Ihnen vor, die nächsten 24 Stunden für eine Rückschau zu nützen.
Wenn Sie wollen, halten Sie schriftlich mit einigen Sätzen fest, was Ihnen bezüglich Ihres eigenen Weges vielleicht schon aufgegangen ist.

22. TAG

Wie man Engel und Teufel auseinander sortiert

Wie Ihr spirituelles Abenteuer verlaufen wird, verehrte Leserin, verehrter Leser, wissen wir alle nicht. Ich kann es Ihnen nicht sagen. Was ich Ihnen sagen kann, ist, dass es gewisse Symptome und Gesetzmäßigkeiten aufweist. Diese sind im Lauf einer 2000-jährigen Geschichte der christlichen Spiritualität ganz gut herausgefunden worden. Sie gleichen übrigens in wesentlichen Zügen dem, worauf man auch in anderen Traditionen gekommen ist.
Die Wüstenväter, sozusagen die Pioniere auf dem Gebiet, auf dem wir uns hier tummeln – dem genauen Achten darauf, was uns anspricht und vielleicht führt –, stellten sich die Urheber der Eingebungen und Gedanken, die der Mensch ständig erlebt, ganz plastisch vor: als Engel, die uns konstruktive Hinweise einflüstern, und Dämonen, die uns destruktive Ideen einreden. Zum Unterscheiden, welche Anregung von welcher Art Geister stammte, entwickelten sie schon ziemlich früh brauchbare Kriterien. So erläuterte zum Beispiel der Wüstenvater Antonius seinen Mitbrüdern: »Wenn ihr bei einer Eingebung zunächst erschreckt, aber an die Stelle dieses Erschreckens tritt allmählich eine unglaubliche Freude und ihr fühlt neuen Schwung, Zuversicht, Trost und innere Festigkeit und Ruhe, Seelenstärke und Liebe zu Gott und den Menschen, dann habt Mut, denn dahinter dürfte ein guter Geist stecken. Wenn ihr jedoch ganz aufgeregt werdet und in euch geradezu ein innerer Lärm entsteht; wenn ihr das Bedürfnis spürt, anderen zu imponieren und wenn ihr Angst vor dem Sterben habt, dann wisst, dass da eher ein böser Geist am Werk ist.«

Diese Kriterien zur »geistlichen Unterscheidung« wurden im Lauf der Jahrhunderte immer weiter ausgefeilt; seit Ignatius von Loyola bis heute ist das eine Spezialität der Jesuiten, die darin jetzt natürlich auch neue psychologische Erkenntnisse mit einbeziehen.

Ich kann und will Ihnen das hier nicht alles ausführlich darlegen (dafür bieten die Jesuiten eigene Kurse an), sondern mich damit begnügen, Ihnen einige interessante Kriterien vorzustellen, die im 12. Jahrhundert Bernhard von Clairvaux bei seiner unglaublich intensiven Beschäftigung mit der Bibel herausgefunden und seinen Mönchen vorgelegt hat.

Bernhard nannte als wichtigstes Kriterium: Entspricht eine Eingebung dem Leben und dem Geist Jesu, wie er mir in den Evangelien erscheint? Das unterstellt eine intensive Bekanntschaft, einen Dialog, eine innere Auseinandersetzung mit der Gestalt Jesu. Sie wird für jede und jeden etwas anders ausfallen.

Um es gleich zu sagen: Sie kommen nicht an der Grundsatzentscheidung vorbei, ob Sie mit den Verfassern von immer mehr Handbüchern zum Thema »Die Kunst, ein Egoist zu sein« und Leitfäden wie »Die 48 Gesetze der Macht« die Überzeugung teilen, wir hätten endlich nach 2000 Jahren christlicher Bescheidenheits-Vorstellungen die wahre Lebensphilosophie und -strategie gefunden – nämlich, sich nach Darwins Spielregeln energisch finanziell und sozial zum »Winner« hochzukämpfen –, oder ob Sie zu glauben bereit sind, die alten spirituellen Traditionen hätten einen fruchtbareren Weg angepeilt (und vor allem auch einen gerechteren, weil es »Winner« immer nur als eine elitäre Minderheit geben kann: alles Geld der Welt würde nicht reichen, dass alle wie Bill Gates würden; wie Mutter Teresa dagegen könnte grundsätzlich jeder Mensch werden).

Bernhard nannte konkreter drei Züge, die ihm persönlich dabei aufgegangen waren (ich formuliere sie etwas moderner): Jesus habe statt des ehrgeizigen Aufstiegs lieber den Abstieg gewählt. Praktisch heiße das: Einer inneren Anregung, die dich von der Solidarität mit den Menschen und der Teilhabe an ihren Mühen wegholt, misstraue lieber; einer Anregung, die dich ihnen näher bringt, traue eher.

Der zweite Zug hängt damit zusammen: Jesus habe bewusst die Last des Menschseins auf sich genommen. Wenn du deshalb vor der Alternative stehst, dass entweder ein bequemer Abkürzer winkt oder vor dir der normale Weg liegt, dann ist es wahrscheinlich fruchtbarer (jedenfalls spirituell), dass du in Geduld den normalen Weg gehst.

Den dritten Zug bezeichnet Bernhard als Prinzip der »Subversion«: Im Zweifelsfall entscheide dich für die Alternative, die die allgemein üblichen Konventionen und Wertmaßstäbe und das, was gerade »in« ist, eher auf den Kopf stellt.

Nach diesem ersten Kriterium mit seinen drei Unterteilungen nennt Bernhard vier weitere:

Du musst bereit sein, deine Eingebung diszipliniert und sachlich mit kompetenten Leuten fair und nüchtern zu diskutieren und dich von ihnen in Frage stellen lassen. Was echt ist, hält dem stand.

Weiter: Eine Eingebung vom »guten Geist« kann dir ungeheuer viel abverlangen, aber trotz aller Mühe weitet sie deinen Geist und dein Herz. Eine Eingebung, bei der du eng, starr, bitter und fanatisch würdest, wäre eindeutig eine vom »bösen Geist.«

Ferner: Der »schlechte Geist« ist der »diabolus«, der »Durcheinanderwerfer«, während der »gute Geist« deine Fähigkeit zum sozialen Verhalten und zum Eingehen auf Andere und zum Miteinander fördert. So kannst du also an deinem Sozialverhalten ablesen, welcher Geist dich umtreibt.

Und schließlich verraten die Sprache deiner Gebärden, deine

Miene, deine Körperhaltung und dein Gang, ob du von einem »guten« oder einem »schlechten« Geist inspiriert bist.
Soweit in aller Kürze Bernhards Kriterien.
Vielleicht stehen Sie gerade vor irgendeiner – kleineren oder größeren – Entscheidung, verehrte Leserin, verehrter Leser. Sie brauchen diese jetzt nicht mit Engeln und Dämonen zu umwölken. Aber vielleicht checken Sie sie übungshalber einmal anhand dieser Kriterien durch. Oder Sie denken darüber nach, ob Sie sich bei Ihrem grundsätzlichen Lebensentwurf von ihnen leiten lassen.

23. Tag

Von weglosem Gelände, Dornenwäldern und Trutzburgen

Ganz am Anfang wies ich Sie darauf hin, liebe Leserin, lieber Leser, dass das Wort »Advent« mit dem alten Wort *aventiure*, »Abenteuer« verwandt ist.

Das Wort *aventiure* wurde vor allem im Frühmittelalter, zur Zeit der Minnesänger, durch eine eigene Romanform bekannt: die Ritterromane. Es ging darin immer um eine *aventiure* und es wurde in symbolischer Sprache geschildert, was »Erfahrung« buchstäblich ist: ein »Fahren« auf einem Abenteuerweg, zuweilen mit Ge»fährten«, meistens allein, und immer sind dabei die vielfältigsten Ge»fahren« zu bestehen.

Oft verliebten sich die Ritter in eine Dame, die sich äußerst spröde gab und sie zuerst einmal in die Welt hinausschickte, um lebensgefährliche Abenteuer zu bestehen, bevor sie ihnen ihre Gunst zuteil werden ließ.

Bernhard von Clairvaux legte nach diesem Muster sogar die Geschichte des Neuen Testaments aus: Es sei die Geschichte der Werbung Gottes um die Dame Menschheit, die den Werbenden – Christus – erst einmal in den Tod schicke, bevor sie geneigt sei, ihm zu glauben und ihm ihr Herz zu schenken. Und er habe sich darauf eingelassen.

Ob wegen einer Dame oder auch nicht, jedenfalls zieht in den alten Abenteuerromanen der Ritter aus, immer auf der Suche nach etwas, das nie genau definiert, aber für sein Schicksal entscheidend ist. Später wurde dieser Gegenstand der Suche als der »heilige Gral« bezeichnet, das Symbol einer endgültigen Erleuchtung oder Erlösung von einem tödlichen Bann.

Meistens reitet der Ritter im Frühling los, wenn die Natur

blüht und sprosst und die Vögel fröhlich zwitschern und er voller Naivität meint, er könne Bäume ausreißen und alle Himmel stürmen. Er gerät bald in weite, öde Gegenden, durchquert karge Heideflächen und tiefe, unwegsame Wälder, und es ist vorbei mit der großen Selbstsicherheit. Die Landschaften werden von Flüssen durchschnitten, über die keine Brücken führen. Überhaupt gibt es weder Weg noch Steg, denn wo es einen Weg gäbe, wäre es der Weg eines anderen. Er jedoch muss seinen ganz eigenen Weg finden. Außerdem sind die Landschaften menschenleer. Die paar menschlichen Begegnungen sind echt, und folglich ist keine von ihnen belanglos.

In dieser weiten, einsamen Welt wohnen die Menschen nicht einfach friedlich in normalen, zugänglichen Häusern – das tun höchstens einige Eremiten, tief in den Wäldern versteckt –, sondern meistens leben sie in trutzigen Burgen, in denen sie sich voreinander abschirmen. Oft lastet auf diesen Behausungen irgendein Zauber oder Fluch, oder sie werden belagert oder von Tyrannen beherrscht. Zuweilen kommt es vor, dass irgendwo alle Türen und Tore sperrangelweit offen stehen, der Tisch ist für den Gast gedeckt, aber kein Mensch ist zu sehen. Bedient sich dann der Gast und fängt allein zu essen an, wird er unversehens einbezogen in das Schicksal der betreffenden Burg und kann es nur nach schweren Krisen meistern – oder er erliegt ihm. In der Sage vom Gral zieht vor dem einsamen Gast eine merkwürdige Prozession vorüber, darunter ein prächtiger Kelch und ein verwundeter Mensch, und alles käme darauf an, dass der Ritter im richtigen Augenblick die richtige Frage stellen würde. Er verpasst das Wort, und die Erlösung tritt nicht ein.

Während ich das so skizziere, habe ich das Gefühl, ich schildere im Grunde die ganz aktuellen Verhältnisse in einer modernen Großstadt, nur eben in Bilder umgesetzt – oder sogar noch eher die Umgebung einer Eigenheim-Siedlung, auf deren Straßen man vor allem im Winter nachts so einsam ist wie in einer Steinwüste: Alle Jalousien sind heruntergelassen und in der Kälte blinken statt Gesichtern nur bunte elektrische Weihnachtsdekorationen.

In dieser Landschaft spielt sich das menschliche Leben auch heute ab und somit auch das spirituelle Abenteuer.

Der Mystiker Heinrich Seuse, noch beeinflusst von der Literatur der Ritterromane, schrieb ganz in deren Sprache: »Wer auf die grünen Wiesen eines blumenreichen, vollkommenen Lebens zu kommen begehrt, dem begegnet manche wilde Straße in der Finsternis des Waldes und mancher enge unbekannte Weg, wo er durch Sträucher und Dornen hindurchstreifen muss. Da ist zuweilen mancher tiefe Graben und kleine Steg, wo er mit zitterndem Herzen hinüber muss: Das ist der Weg mannigfaltigen ungekannten Leidens, in dem er zuerst geprüft werden muss.«

In der gleichen Bilderwelt entstand das Lied »Maria durch ein' Dornwald ging«, das erzählt: weil Maria unter ihrem Herzen etwas Göttliches getragen habe, hätten die Dornen Blüten getrieben.

Machen Sie sich darauf gefasst, dass dieser Dornwald auch Ihnen blüht, wenn Sie anfangen, sich von Ihrer inneren Eingebung, Ihrer Inspiration, dem »Geisthauch«, der sich in Ihnen regt, auf den Weg schicken zu lassen.

Seuse sagt an einer anderen Stelle: »Wenn Gott in der strengen Winterkälte eine schöne Rose aufgehen lassen wollte, so vermöchte er's gar wohl, aber er tut es nicht, denn er will, dass es ordentlich geschehe im Mai, durch Reif, durch Tau und mancherlei Gewitter, die dazu geordnet und gefügt sind.«

Das sind sehr anmutige Bilder für eine selten malerische Dramatik.

Eigentümlicherweise platzen die Impulse des Geistes immer

zu Zeiten herein, wo sie nicht besonders gelegen daherkommen. Aber vielleicht haben wir auch nur diesen Eindruck, weil sie uns eigentlich nie richtig ins eigene Konzept passen, das wir meistens so lückenlos festlegen, dass nur noch ein paar Nebensachen leicht abgeändert werden könnten. Aber dann wird alles über den Haufen geworfen.

Das gleiche wird in der Weihnachtsgeschichte geschildert. Maria wird ausgerechnet in den Monaten schwanger, an deren Ende sie unbedingt zu einer Volkszählung über Land reisen muss, und das zu Fuß und auf einem schwankenden Esel. Es war ja schon ausführlich von den »lautlosen Donnern« die Rede, gegen die wir uns abzuschirmen pflegen, um uns solche Unannehmlichkeiten, ja Strapazen zu ersparen. Aber ohne Wehen gibt es keine Geburt, ohne kühne *aventiure* keine Eroberung und Erlösung.

Mit etwas Zeit und Phantasie könnte man jedes Leben in einen symbolischen Ritterroman umschreiben, denn jede und jeder ist der Ritter in seinem Panzer. Dieser Panzer muss irgendwann geknackt werden oder sich abnutzen, damit das Leben und die Menschen wirklich an sie/ihn herankommen. Unsere Wunden sind die Breschen in der Burg unserer Selbstbehauptung, ohne die wir tödlich erstarren und vereinsamen würden. Sie verbinden uns mehr mit allen anderen Menschen als unsere Stärken.

Ich möchte Sie anregen, heute Ihre Lebensart einmal von dieser Bilderwelt her zu betrachten. Leben Sie wie ein Ritter hinter seinen Burgmauern und lassen niemanden an sich heran? Oder wie eine Schlossherrin, die sich durch ihren Wohlstand vom Los der normalen Sterblichen abzusetzen versucht? Und: Welche Bresche, welche Wunde gibt es in Ihrem Leben, die Sie eng mit anderen Menschen verbindet?

24. TAG

Warum sich Höhlen für diese Geburt besser eignen als Herbergen

Die Geschichte von der Herbergssuche Josefs mit seiner hochschwangeren Frau ist in der Volksfrömmigkeit stark ausgemalt worden. Sie ist auch beliebt, um daran zu Weihnachten alle Jahre wieder soziale Appelle anzuknüpfen, dass keine Tür verschlossen, kein Fremder abgewiesen, kein Asylant abgelehnt werden dürfe. Das hilft ja auch vielen Menschen und ist gut so. Bei Lukas wird das nur knapp erwähnt, und zwar erst, nachdem die Geburt geschehen ist: Maria wickelte ihr Kind in Windeln und legte es in eine Krippe, »weil in der Herberge kein Platz für sie war«. Es ist eher als Faktum vermerkt, Kritik ist genau genommen nicht herauszuspüren. Meiner Überzeugung nach hatte der Verfasser hier den sozialen Aspekt gar nicht im Sinn, sonst hätte er den mit wenigen Worten deutlich machen können. Ich vermute sogar, man könnte den griechischen Text auch übersetzen mit: »... weil in der Herberge nicht der (richtige) Platz für sie war.«
In Wirklichkeit *konnte* das Kind nämlich gar nicht in der Herberge geboren werden. Das lag nicht an der Hartherzigkeit irgendwelcher Wirte, sondern es liegt in der Natur des Ereignisses: Für diese Art Kinder ist nie in Herbergen, Karawansereien, Platz. Auch nicht für Ihr »spirituelles« Kind, verehrte Leserin, verehrter Leser.
Als der geniale Bibelausleger Origenes ums Jahr 240 seinen Kommentar zum Lukasevangelium schrieb, war er der Situation noch wesentlich näher als wir und schrieb: »Wo viele sich drängen, lässt sich mein Jesus nicht finden.«
Die gleiche Wahrheit formuliert ein arabisches Sprichwort la-

pidar so: »Auf dem Marktplatz legt die Henne kein Ei.« Altmodische Hühner legen ihr Ei heute noch in Heu und Stroh, die meisten allerdings werden jetzt genötigt, es auf Drahtgitter zu legen. Kein Wunder, dass kein Mensch mehr Sinn für Heu und Stroh hat, auch spirituell nicht.

Wenn »Christus in Ihnen geboren wird« – ich wage jetzt, am 24. Tag, kühn diese Formulierung, weil ich glaube, inzwischen wird sie einigermaßen verständlich –, dann wird Ihnen das wahrscheinlich nicht im Getümmel einer Herberge, eines Weihnachtsmarkts oder einer Techno-Party aufgehen (obwohl nichts ausgeschlossen ist), sondern eher abseits, und Sie werden damit zunächst einmal ziemlich allein auf weiter Flur dastehen. Ich will Ihnen zitieren, wie eine heutige Zisterziensernonne die Erfahrung der Weihnacht beschrieben hat, und Sie werden unschwer nachvollziehen können, dass ihre Weite nicht die des Marktplatzes ist:

Meine Augen sind blind vor Licht.
In meinen Armen halte ich
den mir geschenkten Gott,
in meinem Herzen
das mir geschenkte Gottsein.
O, fast erdrückst du mich,
zersprengst mir das Herz,
denn du kommst
in deinem Un-Maß,
behältst nichts von dir zurück,
verschenkst dich ganz.
Es gibt nichts mehr
zwischen Himmel und Erde,
das nicht mir gehörte,
es gibt kein Sein,
an dem ich nicht Anteil hätte
durch dich. *(Assumpta Schenkl)*

Seien Sie nicht enttäuscht, wenn Sie heute oder morgen *nicht* diese oder eine entsprechende Erfahrung machen. Es wäre ein merk-, ja fragwürdiges Wunder, wenn sich etwas derart Kostbares, bei dem das ganze eigene Dasein im Spiel ist und hingerissen wird, mit einem 24-tägigen Kurs auf den Tag genau herbeiführen ließe.

Im übrigen spielt sich die ganze Weihnachtsgeschichte nicht so plakativ ab, wie sie im Gemälde des Lukas abgebildet ist, und deshalb muss sie nicht heute, an diesem 24. Tag, definitiv stattfinden. Es wird eher ein längerer, fast unmerklicher Prozess sein, der nie ganz abgeschlossen ist. Aber er lässt sich in diesem Bild fassen: Irgendwann sagen Sie »ja«, laufen los, werden von etwas Neuem überwältigt, werden im Bisherigen fremd, sind mit der Bescherung in Ihrer Krippe im Innersten allein; empfinden schmerzvoll die Schwierigkeit, sich anderen richtig mitzuteilen. Dieser Zustand kann länger so bleiben.

Es wird selten alsbald der Himmel aufbrechen, aber Sie werden spüren: Da ist etwas geboren, das mir nie mehr jemand nehmen kann, *ex utero ante luciferum*, wie in der alten Weihnachtsliturgie gesungen wurde: »Aus dem Bauch, dem Mutter- und Urschoß heraus (dem ›glühenden Eingeweide‹), vor dem Morgenstern«, also in einer pechschwarzen Nacht, die unversehens zur »heiligen Nacht« wird.

Wenn Sie sich alte Weihnachtsbilder ansehen, zum Beispiel Ikonen, dann werden Sie entdecken, dass Maria und das Kind genau genommen weder in einem Stall noch in einer Höhle liegen (keines von beidem erwähnt übrigens Lukas), sondern in einem schwarzen Loch. Das schwarze Loch ist der Urschoß des Neuen, das da keimt.

Johannes berichtet in seinem Evangelium (im 3. Kapitel) von einem Gespräch Jesu mit dem jüdischen Ratsherrn Nikodemus. Der fragt Jesus ungläubig: »Wie kann ein Mensch, der

schon alt ist, geboren werden? Er kann doch nicht in den Schoß seiner Mutter zurückkehren und ein zweites Mal geboren werden!« Aber Jesus besteht auf dem Anspruch, neu geboren zu werden, und zwar »aus Wasser und Geist«. Sie werden jetzt verstehen, was damit gemeint ist. Jesus sagt an dieser Stelle weiter: »Der Wind (Geist, Atem!) weht, wo er will; du hörst sein Brausen, weißt aber nicht, woher er kommt und wohin er geht. So ist es mit jedem, der aus dem Geist geboren ist.«
Das Kind ist auf den alten Weihnachtsdarstellungen oft wie ein Erwachsener dargestellt, der jedoch wie eine Mumie eingewickelt ist. Damit wird Ihre Neugeburt aus dem schwarzen Loch heraus angedeutet. Sie sehen aus wie eine Larve und fühlen sich vielleicht auch so: ganz am Anfang mit dem Herausschlüpfen aus dem engen, überholten Kokon, noch ziemlich hilflos und einsam. Aber Sie wollen heraus, wittern die Weite und werden süchtig danach.
Ernesto Cardenal schrieb zu einem späteren Wort Jesu, das genau zur Krippen-Situation passt, zum Ausspruch, »der Menschensohn hat nichts, wohin er sein Haupt betten kann«: »Er mag es abends gesagt haben, als er sah, wie die Tiere in ihre Höhlen und Nester zurückkehrten; wie sich die Häuser im Familienkreis zu erhellen begannen, die Teestunde mit den Freunden, der Besuch, das Treffen der Pärchen, das Abendessen miteinander. Er mag die Einsamkeit gespürt haben, ein Fremdling in einer fremden Stadt; der Wunsch, einen Freund zu haben – vielleicht war es, bevor er Jünger hatte, als er das sagte. Und auch unser Leben ist das Leben von Reisenden, die nicht wissen, wohin sie ihr Haupt legen sollen.«
Sie werden unter dieser Situation leiden und sie trotzdem nicht bedauern, sondern herausschlüpfen und das Abenteuer bestehen.
Und Sie werden sehen: Auf Dauer bleiben Begegnungen mit Hirten und mit Weisen nicht aus. Diese beiden Menschengat-

tungen, die ganz einfachen und die mit Einsatz und Verstand Suchenden, werden Sie am ehesten verstehen. Die dazwischen tun sich schwerer damit, schwören auf Methoden und Schulen oder interessieren sich überhaupt nicht dafür.
Wahrscheinlich treffen Sie auch eine Maria und einen Josef, die Sie ein Stück weit begleiten, oder wenigstens einen Esel, der Sie trägt, wenn Ihre eigenen Füße zwischendurch schwach werden auf der Flucht nach Ägypten und dann wieder aus Ägypten heraus, denn das Gelobte Land ist noch weit.
Lukas hat in seinem Weihnachtsevangelium übrigens die Krippe nur um dieses Esels willen erwähnt und damit auf das Wort des Propheten Jesaja anspielen wollen: »Der Ochse kennt seinen Besitzer und der Esel merkt an der Krippe, dass sein Herr da ist.« In der spirituellen Tradition hat man Krippe und Kreuz – beides aus hartem Holz – immer als Bezeichnungen ein und derselben Wirklichkeit gesehen.
Erwarten Sie also nicht allzu viele weiche Betten auf Ihrem Weg; Krippen reichen, Lager auf Heu und Stroh. Das wissen alle echten Wanderer und verstehen ihm sogar seinen ganz eigenen Reiz abzugewinnen.
Nehmen Sie noch ein weiteres Wort von Seuse mit auf den Weg: »Nach der Finsternis folgt die Heiterkeit und hinwiederum nach dem Tage kommt die Nacht. Es muss noch manches wandelbare Wetter über euch sich erheben, ehe dass die bleibende Heiterkeit in euch beständig werde.«
Das ist der Abenteuer-Weg, auf dem ich Sie ein Stück begleiten wollte, verehrte Leserin, verehrter Leser. Er geht weiter. Sie schaffen ihn ohne mich. Ich wünsche Ihnen viel Mut

Ihr Bernardin Schellenberger